合併しなかった自治体の実際

非合併小規模自治体の現在と未来

監修
木佐 茂男

編著
原田 晃樹
杉岡 秀紀

公人の友社

はじめに

平成の大合併を総括する意義とは

木佐 茂男
（北海道大学・九州大学名誉教授・弁護士）

平成の大合併からほぼ15年・・・

　1999年4月から2010年3月までの時限法として施行された「市町村の合併の特例等に関する法律」に基づいて、国は、合併特例債や地方交付税の合併算定替えなどの財政支援策をはじめとするさまざまな優遇措置を示して、「平成の大合併」といわれる市町村合併を強力に推進し、市町村の総数は1999年の3232から2016年には1718にまで大幅に減少した。その一方で、他市町村との合併を選ばず単独で生きていくことを決めた自治体も多い。

　平成の大合併から十余年を経た現在、国や自治体、研究者などのあいだで合併の効果検証が行われつつあるが、その多くは合併の成功・失敗を問うものであり、そこで抽出された課題をもとに将来の自治体づくりをどうするかにまで踏み込んで考察したものは少ない。なかでも、合併を選ばなければ地方交付税の減少により生き残りは難しいとまでいわれた小規模自治体の現在と未来展望は、合併・非合併効果検証のなかでも大きなテーマであると考える。

　本書では、合併をしなかった小規模自治体である一つの村をベースにして、非合併を、その村の意思で決めたことの長所・短所、残された課題などを包括的に論じる。そのモデルは、住民投票やシンポジウムを行い、議論を経て2003年に単独で生きていくことを決めた熊本県産山村であり、これを事例に、合併

しなかった自治体のこれまでをふりかえりつつ、地域の宝をいかして活力のある魅力的な村づくりをいかにして実現していくかを考えたい。いわゆる「地方創生」ともからめて「官・学・民」の知識と知恵と体験とを総合して、幅広く展望するものとしたいと考える。

合併・非合併は、誰のため？ 何のため？

　筆者の生家がある旧市は人口3万人ほどであったが、合併により駅前の大通りが見事なシャッター通りになった。周りの市町村を吸収し15万人にもなった存続市が2011年にさらに隣町と合併したとき、知事が合併調印式典で両首長に感謝状を贈った。感謝状を恭しく知事からもらった市長と町長は嬉しかったのであろうか。感謝状の受け取りを断ることは、100パーセント不可能であったと思われるのであるが、それでも両名に問うてみたい。市町村合併は、誰のためのこと、誰が褒めることなのであろうか。筆者は、この行為に伏在する「自治」イメージは、筆者自身が外国の地方自治の研究から得たイメージや日本国憲法が保障する地方自治のイメージに比べて、大きな違和感を抱いている。もう一度、言う。「合併、非合併は、何のために？」。

　本書は、市町村合併の失敗がしばしば語られるが、合併して良かったと考える住民もいよう。そして、合併をしなくて良かったと考える地域もある。その合併しなかった自治体も万々歳ではない。何が残る課題なのか、それを本書は少しでも明らかにしたいと考えている。

シンポジウム開催前史

　本書の原型は、地方自治専門誌『地方自治職員研修』（公職研）の2017年2月号特集にある。その特集は、2016年11月13～14日に、熊本県産山村で開催した「合併しなかった自治体の将来を考えるシンポジウム」の記録である。ことの発端は、前年2015年の12月末に、本シンポジウムの主催団体の一つ「ふるさと食農ほんわかネット」（以下、「ほんわかネット」）の望年会（忘年会）である。筆者は、人口がわずか1500人強の産山村がいわゆる平成の大合併に加わらず、

単独で「生き残った」ことの功罪の検証をしたら、と酒の勢いで提言した。その場には同村から阿蘇の雪道を越えてかけつけた4名の会員もいた。

2003年当時、同村では、周辺町村との合併を推進しようとする声も強く、その合併の組み合わせも南方面の3町村との合併案、北西方面の2町との合併案に加えて単独路線を主張する声もあり、いわば3つの選択肢があった。

まず2003年の夏に住民による署名運動があり、約7割の住民は、単独路線を支持したという。これを受けて、村長は、同年8月に、前年に発足していた「阿蘇中部四町村合併推進協議会」（任意協議会）からの離脱、すなわち4町村合併路線からの離脱を正式に意思表示していた。ただ、当時は、有名な黒川温泉のある南小国町、杖立温泉のある小国町との合併の是非論は残っていたようである。

村単独路線はある程度強かろうと、合併をめぐる全国の状況や他ならぬ村民意思の揺れの大きな時期であったから、合併か単独かを議論する機会はなお有意義と思われた。そこで、今回（2016年）と実質的に同じグループの主催で、言い換えれば、村外からの応援団が加わって、2003年11月23日にフォーラムを開催したのである。

2003年フォーラムで、筆者は、「小さな自治体ではなぜいけないのか？──スイス・ドイツの地方自治を映像で見て考える」と題する基調講演を行い、地元新聞の編集委員らもパネリストになって手作りのシンポジウムを行った。本書で執筆している高木正三は、「人口1800人のこの村に120人が集まって議論したのは、人口346万人の横浜市であれば、約23万人の参加に当たる」と、比較にならぬ比較をして撒を飛ばした（2003年フォーラムの記録から）。

このフォーラムの後に、村が、（ア）同村単独案、（イ）北西部の2町との合併案、（ウ）南部の3町村との合併案を選択肢とする住民投票を行った。その際、最多の投票を得た（ウ）路線は、支持率では4割にとどまった。それの消極的結論として、産山村の単独路線が決まった。つまり、産山村は、村全体として言えば、積極的な論理をもって単独路線を決断したわけではないのである。それ故に、今回のシンポジウム前に実施され、匿名で回収された約80通のアンケートの中にも、数枚ではあるが、4町村合併のほうが村は発展していた、という回答があっ

た。しかし、2003年当時は合併論者であったが、合併して拡大した隣接自治体の実情を知り、単独残留肯定論に宗旨替えした人が少なくない。

　以上のことはあくまでも概括的な結果論であり、単独維持により、そのメリットが全面的に発揮されたかどうかは、以下での検討課題となる。少なくとも筆者は、全国の多くの合併自治体の、とりわけ周辺部旧町村の疲弊話を聞く度に、産山村の単独路線は今少し成果・効果があったものと想像していた。だが、実際に2016年シンポジウムを契機として多数のアンケート回答を読み、グループ討議や2日目に参加者が2グループに別れて行った「産山宣言」（シンポジウム実行委員会案）づくり討論、そして、シンポジウム終了後に現れた諸々の論議や現象を検討すると、実に様々な課題が浮き彫りになる。

シンポジウムの具体化

　2016年のシンポジウムは、その単独路線選択から13年経った時点で、単独で残ったことの長短を少しばかり学問的に整理・分析し、今後もこの単独路線が維持できるのか、単独でむらづくりを行ってきたことが良かったのか、を可能な限り村民目線で考えるために行われた。筆者は確かに本企画を提言したが、地方財政分析や行政学からの合併効果分析などに通じた研究者のお名前を挙げる能力がない。そこで、2003年当時、一緒に市町村合併に関する本『自治体の創造と市町村合併』（第一法規、2003年）を作った今川晃・同志社大学教授と連絡をとり、研究者の人選やシンポジウムの持ち方について構想づくりを同氏に全面的にお願いした。筆者が、実は阿蘇のあか牛をまだ食べたことがない、福岡でも手に入らないので、参加者の呼び寄せ対策（？）に、「阿蘇のあか牛を（丸焼きで）食い尽くそう」というキャッチ・コピーを入れたいと言ったこともあり、同教授も、研究者としての合併問題の検証への意欲と、あか牛の魅力もあってか、一気に、シンポジウムのコーディネートを進めてくださった。

　研究者の報告者決定と主要なパネリストの決定は、同教授の手で行われ、筆者はすっかり安心していたが、なんと2016年9月24日の夕刻、突然に同教授の訃報が届き、深い悲しみとともに、途方に暮れる思いとなった。そもそも、

はじめに　平成の大合併を総括する意義とは（木佐茂男）

筆者が本シンポジウムを言い出した前年の暮れには想像もしていなかった2016年4月以降の熊本地震の震源地の一つである産山村でシンポジウムを開催すること自体が、ある意味では無謀なことであった。震度の割に被害が少なかった産山村側関係者から、交通上の問題はあれ、実行に問題なし、という情報と心強い決意が届いていたものの、あか牛の焼き肉はともかく、今川教授なくして本体の学術的議論ができるものなのか、筆者は闇の中に放置されたかのような状態になった。

　ファシリテーターの人選や、報告の内容・密度・順番、さらには参加者同士でのグループ討議テーマも完全には決定していなかった。しかし、幸い今川教授の人徳・人脈も大いに貢献して、プログラムに載るお名前は開催ギリギリに確定した。任意で東北から参加申し込みをいただいた矢野由美子さんにいたっては、急遽ファシリテーターをお願いする仕儀となった。

　2016年の参加者数は、2003年に比べれば少なかったが、そもそも地方自治問題の疲れ、超小規模の農山村で行うささやかな企画、そして熊本地震震源地での開催という悪条件や告知期間の短さを考えればやむを得ないともいえる。その代わり、全参加者が初日には5つのグループに別れて討論し、2日目には、宿泊をして残った遠来参加者と地元の方とが2つのグループで討論を行い、様々な角度からその討論骨子を発表し、課題の複合性を確認し、克服すべき方向性を論じた意義は大きい。

14年前（2003年）の著作

　2003年のフォーラムは、上記著作の出版年の秋だった。いわば、2003年フォーラムは、この本で筆者らが考え、危惧し、あるいは期待することを検証する初めての場でもあった。そして、今回のシンポジウムは、その14年前の主張・概念・願望の実現度を考察する契機となるはずである。

　現時点から振り返れば、市町村合併にかなり批判的に対峙していたつもりの2003年の見通しは、まだ甘かったようにも思える。同書を読み直すと、国による財政的締め付けを含めた新立法措置が実現されれば合併件数は飛躍的に増加

するであろうが、合併特例法の有効期限内に限れば市町村数の減少は3割程度か（原田晃樹・211頁）とある。この時期前後における市町村数の変化を見ると、合併策が一気に加速化された2002年4月時点での3218市町村が、2006年3月には1821となり（総務省統計）、この2つの数字の間の減少率は43.4%になる。

今もなお、市町村合併の効果を持続ないし増大させるために尽力し続けている新自治体が多数あるのは確かである。しかし、大規模合併をして「心から良かった」と住民や議会・執行部が思っている自治体はいくつあろうか。時間が経つに伴い合併自体の効果に懐疑的評価が増えているようにも思える。

今回、産山村のアンケート結果や議論を通じて「間違いなく」浮き彫りになったことがある。1つは、単独路線を採ったことにより、合併自治体と比較して圧倒的に財政力・行政力が低下するという予測自体は、おおむね否定されたことである（第2章参照）。反って合併自治体がハコモノ行政（自治体として消滅する市町村での公共施設の乱造など）を中心とする無計画ともいえる補助金や特例債による公金支出によって、後年に至り施設の維持管理費の捻出課題等に直面しているのが現実である。

顔の見える村で

合併せず残った産山村にとり、予想された大きな財政危機はなかった。全体としては、全国平均並みの財政事情であり、その分、2003年当時の他の2つの合併選択肢のいずれにおいても、合併していればもっとも条件の不利な地域に転換したであろうという、ある意味で最悪のシナリオは回避された。しかし、住民、議会、執行部、職員は、単独路線を採った政治選択の重みを理解してこの14年を過ごしたのであろうか。

今回のシンポジウムに参加した同村住民は、ごくわずかであった。筆者が直々に村長宛に共催または後援を依頼する書状を送り、結果として村は公式に「後援」という形を取ってくれた。しかし、過去の合併不成立に不満な住民も少なくない状態の中で、村役場は積極的な広報活動をすることはなかった。

はじめに　平成の大合併を総括する意義とは（木佐茂男）

単独路線は、いっそう綿密なつながりを

　シンポジウムでは、村内住民から、日常の行政職員や議員の働きぶりに対して厳しい発言が相次いだ。初日から2日目午前までの討論内容は極めて活発であり、村内に様々な「お宝」（第6章参照）があり、志高く活動している人、さらに活発な「よそ者」も多いことがわかった。しかし、きわめて残念であるのは、これらの不満共有型行動者が行政や地元有力者と優れたネットワークを築けていないどころか、不満共有型行動者の間でさえ、コミュニケーションもネットワークも育っていないことである。

　ネットワークの形成は、法制度の改廃なくしても不可能ではない。ただ、やはり「若者」「よそ者」「変わり者」「女性」が政治の場でも活性化するには、村議会議員になることも重要である。2016年シンポジウム終了後、村民から、村議選の投票権が1人当たり3票はあってもよいのではないか、という声が出始めた。ドイツでは、1人3票や7票の地方議員選出制度は、ごく普通にある。日本の村の場合には、地縁・血縁・職縁のあるような人物でないと、1人1票制のもとではほとんど議員になれない。そこで、二元代表制を基礎として地方議会に価値を見出すのであれば、選挙制度自体の変革も必要になる。今の公職選挙法自体の正当性をも議論することが不可欠である。1つの村の検証は、さまざまなことを教えてくれる。小さいけれど、「顔の見えた村」ではかえって村民集会型の直接参政制度は難しいとも言える。

　かねてから、筆者は、役場職員は何らかの分野で立派な専門家たるべきであるが、全ての分野でのスペシャリストではありえない、しかし、地域の人々やグループをコーディネートする能力はもたなければならない、と考え、唱えてきた。その点で、役場職員の訓練不足、自治体として置かれた状況認識の甘さ、地域のあらゆる「お宝」を活かす心意気の不足を感じざるを得なかった。

　最後に、小さなことのようだが大事なことに触れる。2日目終了後、地元の人々は言いたいことは言って帰っていったものの、シンポジウム会場の椅子や机の後片付けは、外から来た「ほんわかネット」グループ中心になってしまっていた。率直に言って、これは、村外からボランティアで来た10名弱の報告者やファ

シリテーターに示す対応ではない。こうした社会的未熟性をどう克服していくか、単独路線の産山村は、大きな課題を見せつけたのである。単品の良さをもっと複合的に結束する、連携する…。そうした課題を、合併して辺地化させられた旧町村ももっているかもしれないが、もっと積極的に対応できている単独で残った市町村や合併旧町村があろう。さらなる比較検証の必要性を訴え、同時に、この１年間で若干の検証を試みたのが本書である。

目次

はじめに　平成の大合併を総括する意義とは
　　　　　木佐　茂男（北海道大学・九州大学名誉教授・弁護士）……… 3

序　章　本書の構成とねらい
　　　　　原田　晃樹（立教大学法学部教授）……………………… 13

第1部　合併しなかった自治体の実際 〜研究視点を中心に〜… 21

第1章　小規模自治体の独立性
　　　　　原島　良成（熊本大学法科大学院准教授）………………… 22

第2章　小規模山村自治体の合併と財政
　　　　　小泉　和重（熊本県立大学総合管理学部教授）………… 39

第3章　地域活性化の条件と自治 〜未合併小規模町村の優位性〜
　　　　　原田　晃樹（立教大学法学部教授）……………………… 55

第4章　小規模自治体と財政効率
　　　　　増田　知也（摂南大学法学部講師）……………………… 73

第5章　住民自治主導の地方自治 〜地域内分権と地域運営組織〜
　　　　　杉岡　秀紀（福知山公立大学地域経営部准教授）……… 87

第2部　合併しなかった自治体の実際～住民視点を中心に～　109

第6章　小さな自治体のよいところの洗い出し
　　　　　　高木　正三（ふるさと食農ほんわかネット）………110

第7章　村民アンケートからみた小規模自治体の合併の意義
　　　　　　渡辺　裕文（産山村(うぶやま)村議会議員）………119

第8章　「ちいさいからこそ」できる自治体創造
　　　　　　～自治体職員の地域熟知を活かす～
　　　　　　堀田　和之（岐阜県土岐市職員）………124

第9章　震災復旧・復興にかかる連携と課題
　　　　　　矢野　由美子（ふうどばんく東北 AGAIN 理事）………142

第3部　「合併しなかった自治体の将来を考えるシンポジウム」の記録（資料編）………161

第10章　合併しなかった自治体の将来を考える
　　　　　　　シンポジウム実施概要
　　　　　　………162

第11章　産山(うぶやま)宣言………166

おわりに　あの日の空よ
　　　　　　杉岡　秀紀………169

執筆者略歴………172

序章　本書の構成とねらい

原田　晃樹（立教大学法学部教授）

1　本書の構成

　本書は、大きく分けて、序章から第5章までの「第1部」と、第6章から第9章の「第2部」、若干の参考資料である「第3部」で構成される。

（1）第1部
　「第1部」は、産山村を題材としつつも、広く農山村地域の小規模町村が今後を展望する際の一助となることを意図し、主として研究者の視点から合併にまつわる論点を整理している。
　第1章では、合併しない（した）選択をした村にとって、法律学（自治法論）の視点から捉えたときの課題を提示する。村には、法律の実施に伴う多くの作業がある。それらに対処しながら、「村固有の福祉」を村職員がどのように認知し、実現できるかという力量こそが問われていると主張する。
　第2章では、地方財政論の視点から「平成の大合併」を振り返るとともにその後を展望している。産山村に限らず、熊本県内の1万人未満町村の財政を10年前と直近のデータで比較すると、財政諸指数は悪化しておらず、むしろ改善されている。ただし、今後の地方交付税交付金の費目の振替や算定方法の見直しによって、地域活性化の取り組みがより反映される方向に向かうものと予測されるため、これを好機に知恵と工夫をいかしたまちづくりが必要だとする。
　他方で、第3章では、住民・地域主体の地域活性化の取り組みが、必ずしも持続

的な地域づくりにつながらない面があり、それが地方創生に代表される国の政策に組み込まれていることに喚起を促している。その上で、国の地域振興のロジックに乗らない独自の活性化の方向性を提唱する。

第4章では、「平成の大合併」推進の論拠を検証している。合併推進の立場からは、合併によって規模を拡大することで、しばしば1人当たり歳出額を小さくすることができると主張され、それが、小規模町村は財政的に行き詰まるという論調につながっていったが、その内実は必ずしも実態を表したものになっていないことを具体的に示している。

第5章では、住民自治の基盤としての地域自治組織に着目し、それが行政の下請けにならず、主体的に運営されている事例を取り上げ、その特徴を指摘する。この場合、地域自治組織の制度や権能のあり方というよりは、人材の育成機能が重要だと結論づけている。

（2）第2部・第3部

続いて、「第2部」では、合併しなかった自治体である産山村が2016年11月に開催した「合併しなかった自治体の将来を考えるシンポジウム」を題材に、住民の目線から合併しない決断をしてからこれまでの経緯を概観し、今後を展望する。

第6章では、2016年11月に実施されたフォーラム（「合併しなかった自治体の将来を考えるシンポジウム」）の概要を紹介している。このフォーラムでは、住民・議員・学識経験者主体の運営に行政・議会関係者だけでなく村外からの住民も参加していることが特徴であり、フォーラムを通じてこうした多様な関係性をつくりだすことも大切だと指摘する。

第7章では、「合併しなかった自治体の将来を考えるシンポジウム」の開催にあわせ、同フォーラムの実行委員会が村民に対し、村の現状への思いや将来の展望、不安な点等についてたずねたアンケート調査の結果を紹介している。この結果から、村民の多くは地域の将来に不安を抱えている一方で、主体的に地域を支えようとする積極的な意識も併せ持っていることが明らかになっている。

第8章では、第6章に続いて2016年11月に実施されたフォーラム（「合併し

なかった自治体の将来を考えるシンポジウム」）での取り組みを紹介する。第6章と大きく異なるのは、筆者が村外者であり自治体職員であるという立場の違いである。自治体職員は、地域住民とは異なる地域を見る視点（「地域熟知」）を身につけており、それは住民参加を推し進めることで生かされるとする。

第9章では、上述のフォーラムにおいて「震災復旧・復興にかかる連携と課題」をテーマに行ったワークショップの結果を紹介している。震災からの復旧・復興という点からは、小規模町村（非合併自治体）は共助を育みやすい利点がある一方で、さまざまな困難もあることを岩手・宮城内陸地震と東日本大震災での事例から指摘する。そして、日本中どこも災害が起こる可能性がある以上、自然災害と折り合いをつける暮らしを日常においてどのようにつくりあげるかが重要だとまとめている。

なお、資料編として「合併しなかった自治体の将来を考えるシンポジウム」の概要と、フォーラムの最後に採択された「産山宣言」を「第3部」に掲載している。

2 編著者の視点による本書の問題意識

本書は、熊本県産山村を題材としつつ、「平成の大合併」の際に翻弄された全国の小規模町村の「これまで」を検証し、「これから」を展望する際の一助となることをねらいとしている。「第1部」では、章ごとに合併に対する論点を提示し、独立した読み物にしてあるので、関心ある章からお読みいただいて構わない。また、産山村における住民参加型のフォーラムを是非他地域でも採り入れていただきたいという願いから「第2部」「第3部」を設けている。

本書をどのような問題意識で読むかは、読み手の関心や立場によりさまざまであろう。ただ、本書は、合併を頭から否定するものではないものの、少なくとも小規模町村は一律に再編・合理化されるべきという主張に対しては、明確に反対の立場を取る。その際、編著者の一人である筆者としては、規範論や感情論に訴えるのではなく、なぜ反対なのかということに対してある程度説得力ある根拠をもって説明できるようにすることを心がけたつもりである。そして、そのために、本書の執筆

に当たっては、主に次の3つの問いを設け、それらにできる限り応えられるものにすることを目指した。

（1）合併推進論拠の妥当性：人口の多寡のみが財政効率性を決定する要因なのか

　第一に、「平成の大合併」において、小規模町村に対して喧伝された合併推進の論拠は、果たして妥当だったのかということである。

　平成の大合併の議論では、合併により規模を拡大することで、1人当たり歳出額を小さくすることができるということが、盛んに主張された。これが、小規模町村は財政的に行き詰まるという論調につながっていったのであるが、これについて、第4章（増田）で興味深い検証がなされている。すなわち、一般に、人口が1万を切る小規模自治体において、1人当たり歳出額が高額になる傾向が見られるが、その主たる理由は、人口規模要件というよりは面積要件だということである。小規模町村の多くは、可住地面積が少なく、大半は山林・原野で占められている。そうしたところでは、仮に合併しても一人当たり歳出額は減らず、むしろ合併市町村の財政効率が一気に悪化することもあり得るのである。

　したがって、（国の視点ではなく）個々の市町村の視点に立ったときの財政効率性という点では、非合併小規模町村よりは非可住地を多く含む合併市町村の方が問題を抱えているといえるかもしれない。地方圏では、数万規模の中心市が周辺町村と合併するようなケースが多いが、中心市にとっては、人口や産業に大きな進展を見込めない割に、財政効率性は著しく悪化する。しかも多くの合併市町村では、地方交付税交付金（以下、交付税）の合併算定替の特例がこれからなくなっていくため、財政的にますます苦しくなっていく。中山間地の合併は、国全体の財政効率化に寄与することはあっても、当該市町村にとってもそうであるとは限らないのである。

　国は2014年の地方自治法改正で「連携協約」制度を導入するなど、合併以外の選択肢を重視する方向に舵を切っているように見えるものの、市町村の合理化それ自体が国の財政効率化に結びつくから、小規模町村の再編は、特に交付税及び譲与税配付金特別会計の適正化を図る観点から今後も議論になり得る。しかし、国全体

の財政効率という点から見ても、これ以上の小規模町村の再編は、労力に見合うだけの成果を期待するのは難しいと言わざるを得ない。仮に小規模町村を人口1万人未満の市町村（497団体）とすると、これらへの交付税配分額は2017年度において8378億円にとどまる。この額は、交付税総額（15兆3501億円）の5.5%に過ぎず、市町村分（7兆977億円）に占める割合で見ても11.8%に過ぎない。500近くもの市町村を解消したとしても、それによる交付税削減への寄与は限定的なのである。むしろ、国の財政効率化を強調すればするほど、その対象は大都市に向かわざるを得なくなるはずである。

（2）小規模町村は財政面で生き残れない存在なのか

　第二に、そもそも小規模町村は財政面で生き残りが難しい存在なのかということである。

　これについては、第2章（小泉）において具体的かつ説得力ある検証がなされている。人口1万人未満の自治体の数は1990年の1522団体から2008年の489団体と大幅に減少した。その背景には国の財政危機に伴う交付税の削減と合併特例法による財政的な優遇措置の存在があった。その際、盛んに論議されたのは、小規模町村ほど財政の非効率性が高まるという主張であった。このため、交付税総額全体に占める小規模町村への配分額は僅少にもかかわらず、段階補正の係数の切り下げを通じて小規模町村をターゲットとした交付税の削減が行われたのである。

　しかし、実際には産山村の財政諸指標は過去10年間で大きく改善されている。この傾向は熊本県内の1万人未満の町村も同様であり、さらに全国の産山村よりも人口規模の小さな町村ですら、総じて財政は健全に運営されている。少なくとも現時点までは、合併を選ばなくても小規模町村は十分に生き残ることができているのである。この理由は、地方財政計画に歳出特別枠が設けられたり、臨時財政対策債が増額されたりしたからであるが、町村側の歳出削減努力が交付税算定に有利に働いていることも効いているという。この点で言えば、むしろ、合併特例債を活用してハコモノ整備を進めた合併市町村の方が、今後財政的には苦しくなることが予測される。

もっとも、現在進められている地方交付税交付金の費目の振替や算定方法の見直しは、個々の財政運営の健全化努力以上に、地域活性化の取り組み成果がより反映される方向に向かいつつあり、交付税の性格は成果主義的で選別主義的なものに変わりつつある。このことは、一般に人口増の施策を打ち出しにくい中山間地の小規模町村にとって不利に働くが、これを好機と捉え、いかに知恵と工夫をいかしたまちづくりが展開できるかが、今後を展望したときの課題だと言うことができるのである。

（3）地域活性化の取り組みに必要な視点
　では、小規模町村の今後を展望したとき、どのような対応をとることが望ましいのだろうか。まず、踏まえるべきは、第1章（原島）で整理されているように、市町村合併は、権限に見合う政治責任を負う地理的管轄の再編を意味するという指摘である。財政基盤強化や行政サービスを充実させるために地理的管轄範囲を拡げるという議論は手段の目的化を意味し、本来果たすべき責任の視点が置き去りにされてしまう懸念があるのである。

　前述のように、小規模町村を再編したとしても、交付税会計の健全化に寄与できる部分は限られている。にもかかわらず「平成の大合併」で段階補正係数の削減とセットで推進したのは、論理的な検討の結果というよりは、国の将来を展望したときの一つの政策判断が働いたからである。したがって、自治体にとっては、目先のお金の問題で安易に区域を変えるというよりは、旧来の地理的範囲で独立性を維持すること（あるいはあきらめること）が、法律の実施や独自政策の実施にどのような意味があるのかという視点からの検討が必要である。

　その際留意すべきは、かつての農村社会とは異なり、今日では農山村の小規模町村であっても住民は同質的ではないということである。小規模町村をかつての村落共同体と同義に捉えてしまうと、第3章（原田）で指摘しているように、地域住民に過度の「がんばり」を強いてしまうことになり、過疎化で悩む地域の更なる疲弊を招きかねないだけでなく、旧来の固定的な地縁型リーダーシップを一層強固なものとし、地域の多様な人材が活躍する機会を奪ってしまう恐れすらある。このよう

な点からすると、第5章（杉岡）で扱う地域自治組織の運用は地域活性化にとってプラスにもマイナスにも作用しうる。いかに住民の主体的な運営を尊重できるかが鍵を握るだろう。

　また、地域自治組織の必要は合併市町村に限らない。農山村地域の小規模町村において地域自治組織が果たす意義は、高齢化により互助・共助の関係が機能しなくなりつつある個々の集落の単位を維持しながら地域自治組織に再編することで、従来地縁組織運営の中核ではなかった女性、若者、I・Uターン者、NPO関係者にも門戸を拡げ、多様な人材で地域を支えるプラットフォームをつくることである。多様な主体による水平的な関係性がつくられていくことにより、人口増によらなくともある程度まで相互扶助は維持される可能性が高まる。そして、そのことは、近年注目を集めているコミュニティ・ビジネスのベースにもなる。ボランタリーな活動を基盤に置きつつも、連帯的な経済関係をつくりだすことで、個々の活動の持続可能性は高まっていくのである。

　国の地域活性化政策に依拠する限り、その時々の政府の都合に地域運営は左右され続ける。したがって、第1章（原島）おいて主張されているように、最終的には当該地域における地域活性化の方向性を見定め、「村民固有の福祉」を自治体当局がどれだけ重視した運営ができるかが問われることになる。

　このとき、第3章（原田）で触れているように、基礎自治体には、持続可能な形で多様な住民の活躍を引き出す水平的な調整能力と、地域で充足できない資源を国・都道府県・農協等の公的セクターとの協議・交渉を経て引き出す垂直的な調整能力の双方が求められる。従来の「補助金行政」では、地域の実情を顧みなかったり、水平的な調整を欠いていたりしていたために、せっかくの基礎自治体の努力が地域の求める方向と必ずしも合致しない面が見られたのである。

　したがって、結局のところ、地域の今後を規定するのは、自治体の区域・規模というよりは、基礎自治体の体質や職員の力量によるといって過言ではないのである。

　市町村合併論議を契機として、自治体の将来、自治体職員のあり方についての議論が進めば望外の喜びである。

第1部
合併しなかった自治体の実際
〜研究視点を中心に〜

第1章　小規模自治体の独立性

原島　良成（熊本大学法科大学院准教授）

1　分権「受け皿」路線からの逸脱

　小規模自治体の今後を展望することを通じて平成の大合併を総括しよう―そのような企画に連なる本稿は[1]、「独立性」という、この話題の文脈では見慣れない語を導きの糸として、分権論の観点から真に注目すべき小規模自治体の困難を問う。縫合手術を受けた自治体が合併特例法の麻酔から醒めつつある今[2]、目指すべき分権の意味合いは、自治体の規模によって変わってしまったのであろうか。

　もとより、確定した過去の事実と法令の文言に依拠し保守的に制度を読み解いていく法律学に、将来展望などは似合わない。本稿では、合併しないという

1　本稿は地方自治職員研修50巻2号〔2017年〕の特集「合併しなかった自治体のこれから」に寄稿した同名の論稿を改稿したものであり、同特集は2016年11月に熊本県阿蘇郡産山村で行われたシンポジウムの模様を伝えるものである。詳しくは、本書「はじめに　平成の大合併を総括する意義とは」［木佐茂男執筆］を参照されたい。本稿が三大都市圏の市区町村ではなく地方圏の市町村を想定しているのは、そうした経緯による。「村」「小規模自治体」の語を随時互換的に用いている点も、ここでお断りしておく。

2　本稿で合併特例法とは、2005年3月末を境に接続する新旧の合併特例法を指す。すなわち、1999年の「地方分権の推進を図るための関係法律の整備等に関する法律」（いわゆる地方分権一括法）で改正された「市町村の合併の特例に関する法律」（昭和40年法律第6号。いわゆる旧合併特例法）がまずある。同法は、附則2条により2005年3月末で一旦失効したが、翌4月1日より「市町村の合併の特例等に関する法律」（いわゆる新合併特例法）が施行され、2010年改正に到るまでもうひと押しの合併推進があった。2010年改正における方針転換については本文参照。

選択に対する制度的応答ともいうべき「垂直・水平補完」(都道府県との垂直連携と近隣市町村との水平連携)への展開を意識しつつ、基礎自治体への分権論に一石を投じてみたい。

行政学においては、地方自治制度の動態は、「集権か分権か」「分離か融合か」「集中か分散か」「分立か統合か」といった対概念の組み合わせで分析されている[3]。すなわち、中央政府(国)と地方政府(自治体)の関係性を観察する上で、単に権限の中央集権か地方分権かに留まらず、中央と地方の各権限が一つの事務事業に「融合」する形で行使される傾向にあるかどうかや、中央に権限があるとしてもそれを全て中央で「集中」処理しているか地方に「分散」処理させているか、また権限の所在が中央と地方のいずれであれその担当組織が行政分野ごとに「分立」しているかどうか、といった観点が設定される。

合併しないという選択は、相対的に「分立」を指向するようにみえるが、中央への「集中」や「融合」に繋がるかは、未知数である。平成の大合併に底流する、いわゆる分権の「受け皿」論(ないし「地方行政体制」構築論)からすれば[4]、基礎自治体の責任と権限にふさわしい体制の構築(=合併)に到らない以上、「分権」からも「分離」からも距離を置き、「分散」も覚束ない体制と評価されるかもしれない。ただ、こうした観点は、中央政府と地方政府の事務処理における相互関係の変容を記述する上では有用であるとしても、小規模自治体の法的地位に内在する地方自治制度の綻びを見抜く上では、使いづらさが感じられる。

---

3 参照、天川［1986］111〜137ページ、西尾［1990］420〜428ページ［初出は1987年］。
4 地方分権推進委員会の第2次勧告(1997年)が既に次のように述べていた。「国・地方を通じた厳しい財政状況の下、今後ともますます増大する市町村に対する行政需要や住民の日常生活、経済活動の一層の広域化に的確に対応するためには、基礎的自治体である市町村の行財政能力の向上、効率的な地方行政体制の整備・確立が重要な課題となっている」。同勧告前後の経緯を踏まえた「受け皿」概念分析として、牛山［1998］63ページ以下が参考になる。

2 「独立性」の観点

　ここで、2000年地方分権改革が、国の役割を限定することによって地方自治を拡充する方針を採ったということ、つまり、基礎自治体固有の役割を摘示し国の介入を排除するという分権戦略を採らなかったことに、改めて注目しておきたい。小規模であれ大規模であれ、基礎自治体として果たすべき責任や行使すべき権限があるとすれば、それを国や都道府県が代位行使する制度には警戒的であるべきと考えられるが、その基礎自治体が自ら事務を実施すること自体に、地方自治制度は憲法上何らかの意味を与えていると理解されるべきなのではないだろうか。これが、本稿が仮説的に導入する「独立性」の観点である[5]。

　とはいえ、小規模自治体の事務を当該自治体以外の自治体（たとえば都道府県や近隣市町村）が処理することに、地方自治法は寛容である。都道府県との関係ではいわゆる「市町村優先の原則」が説かれるものの[6]、都道府県は「その規模又は性質において一般の市町村が処理することが適当でないと認められるものを処理する」ことが条文上予定されており（地方自治法2条5項。いわゆる「補完事務」）、そうした事務について市町村は「当該市町村の規模及び能力に応じて、これを処理することができる」とも規定されている（同2条4項）。法制度は、市町村の規模と能力に差異があることを前提にしており、市町村優先も規模と能力の限り（あるいは市町村の希望する限り）での話であると言えよう。

　分権の「受け皿」論との整合性を保つためには、市町村優先を（それに相応

---

[5] 「集権か分権か」で言えば分権寄りであるが（集権体制下では事務実施主体に実質的な「独立性」はない）、個々の事務実施を念頭に「分離か融合か」「分立か統合か」を議論する前提が「独立性」である。「自主性」「自律性」とは重なる部分があるが、「独立性」は必ずしも事務の実施局面に限定されない。「自立性」との関係は後述。

[6] 参照、松本［2013］39ページ。ただし、廣田［2000］187ページは、地方自治法の規定の曖昧さを指摘する。

しい体制を各市町村に備えさせる方向を）原則とすることになろうが、市町村の規模と能力には現に大きな差異が存在し、法制度も、その差異を所与として事務処理上の不都合を解消する方向に舵を切っている。すなわち、新合併特例法の目的規定（1条）が「自主的な市町村の合併を推進し、あわせて合併市町村の建設に資するため」と規定していた部分は、2010年改正では「自主的な市町村の合併の円滑化並びに合併市町村の円滑な運営の確保及び均衡ある発展を図り」という表現になり、方針転換を示唆する[7]。地方自治法もこれに足並みを揃え、2014年改正では新たな広域連携の仕組みとして連携協約制度（252条の2）が導入された。すなわち、基礎自治体の担うべき役割を指定する「受け皿」論の延長線上に、今度は合併以外の選択肢を配置し、小規模市町村をそちらに誘導する流れである[8]。

　2016年に提出された第31次地制調答申は、「地方行政体制のあり方」としてこの流れを概括する。すなわち、市町村は「住民に身近な行政サービスを総合的に提供する役割を有し」「住民に身近な基礎自治体として行政サービスを適切に提供する責任を有しているが、…提供のあり方には、人口規模等の状況に応じて多様な形態が出てくる」のであり、「市町村間の広域連携が可能な地域」で

---

[7] この背景として、第29次地方制度調査会「今後の基礎自治体及び監査・議会制度のあり方に関する答申」（2009年）が、2000年地方分権改革を契機とする合併推進運動を2010年3月末で「一区切りとすることが適当」と述べている。また、同答申の前年に制定された定住自立圏推進要綱（2008年総行応第39号）が、地方自治法に元から備わる機関等の共同設置（252条の7以下）や事務委託（252条の14以下）等の制度を手段とした市町村連携のフォーマットを導入したことも、合併推進からの転換を感じさせる。

[8] 2014年地方自治法改正を導いた第30次地方制度調査会「大都市制度の改革及び基礎自治体の行政サービス提供体制に関する答申」（2013年）は、合併推進が限界に達したという認識の下、「今後の基礎自治体の行政サービス提供体制については、自主的な市町村合併や市町村間の広域連携、都道府県による補完などの多様な手法の中でそれぞれの市町村が最も適したものを自ら選択できるようにしていくことが必要である。」と述べる。

はそれを「基本」として推進し、それが「困難な地域」では都道府県が「補完機能を発揮することが求められる」という整理である[9]。

しかしながら、広域連携による垂直・水平補完を推進する方針は、地方自治の本旨（日本国憲法92条）に沿うものであろうか。もはや小規模自治体は連携「圏域」に飲み込まれた名ばかりの基礎自治体である、という印象を拭えない[10]。地方分権の強い関心が、各法律を実施する個別的権限の一般的移譲に向けられ、それゆえ「総合的」かつ「適切」な「地方行政体制」を整備するというのは、一貫した話ではあるが[11]、「総合的」任務の強調（「融合」かつ「統合」の改革路線と分析される）により[12]、現にある（あった）各市町村を「個」として尊重する法的思考が後景に退いてしまっていることを、指摘しておきたい。この法的思考を、さしあたり「独立性」という用語に込めて追究する。

---

9 第31次地方制度調査会「人口減少社会に的確に対応する地方行政体制及びガバナンスのあり方に関する答申」（2016年）。本文引用中の傍点強調は引用者が付加。

10 地域自治権の共同行使として積極的評価もされている。参照、兼子［2015］12ページ。また、兼子［2014］5ページは、市町村間の広域連携による「共同責任体制」も「基礎自治体としての合法性を有する」と説く。また、自治を「圏域」単位で捉える発想の経緯については、参照、宇賀［2017］113～117ページ。

11 合併の次を見据えた第28次地方制度調査会「地方の自主性・自律性の拡大及び地方議会のあり方に関する答申」（2005年）は、「地方の自主性・自律性」という題目設定において、義務付け・枠付けの縮小と事務事業の移譲による「地方の自由度の確保、権能の充実」が必要であると説いた。これが「地方分権改革推進法」制定（2006年）及び「地方分権改革推進計画」閣議決定（2009年）、そしてその後の一連の「地域の自主性及び自立性を高めるための改革の推進を図るための関係法律の整備に関する法律」（いわゆる「第n次一括法」）に繋がった。

12 金井［2007］40ページは、「［自治制度官庁は］融合・統合路線を『総合性』として一括して表現している」と分析する。また、同96～97ページが「圏域」概念と広域行政論の結びつきを指摘している点も、参照されたい。

3 村は地方政府である

　以上のような文脈で「独立性」の法的意義を論じる上では、中央政府が制定した法律を地方政府が実施するというこの国のシステムに対する省察が、不可欠であるように思われる。法律の多くが政府機構による執行を待つものであるとして、それらの一部なりとも市町村が「総合的」に実施する責任を負うということは、憲法上明確な話とは言い難い。

　地方自治法1条の2第1項は、都道府県と市町村の区別なく「地方公共団体は…地域における行政を自主的かつ総合的に実施する役割を広く担う」と規定しており、総合性指向に実定法上の根拠がないわけではない。ただ、条文上は一部事務組合や広域連合といった特別地方公共団体も役割主体から除かれておらず、また、「地方公共団体の自主性及び自立性が十分に発揮されるように」国が配慮すべきことを定めた同条2項も、併せて存在する。

　市町村の「自主性」だけでなく「自立性」が尊重されるということは、市町村が単に国の指揮を待つ存在ではないということに加え、存立の基盤を他に依存しないこと（依存度をより低くすべきこと）を意味するように思われるが、そのような思考は、「個」としての単位に由来して法的地位を有していることを示唆している。

　もっとも、分権論の文脈における「自立性」は財政的な意味での中央政府への依存を問題視する観点であり[13]、地方自治法1条の2第2項も財政上の配慮を要請するものとして読むことができるかもしれない。実際の合併協議においても、財政面での危機が強く意識されていたであろうし、自らの住む市町村に愛着を抱く住民が、自治体財政に関心を持ち、合併をやむなしと考え、あるいは合併（資産の希薄化）阻止に向けて動いたであろうことは、想像に難くない。

　しかし、村の財政危機は、現にその区域に居住している住民集団の財政危機

13　そのような分権論の文脈については、参照、井川［2006］3〜4ページ。

第1部　合併しなかった自治体の実際～研究視点を中心に～

とイコールではない。自治体としての村は、日本国憲法第8章が導入した地方分権制度の要素であり、国すなわち「中央政府」の法律により組織された、「地方政府」である。日本国という国家システムの一部として、この「地方政府」が組織されているのであり、自治体としての村は、住民が寄り集まって構成する団体ではなく、国家統治機構の一部と見るべきである。敢えて「官」か「民」かで分けるなら、徹底して「官」である[14]。

とすると、村の財政危機とは何を意味しているのだろうか。たとえば、住民税や固定資産税の税収が少なく地方政府を維持するのに十分でないということをもって、「自立性」が低いとする考え方には、本稿によれば思考の混乱がある（いわゆる「自主財源／依存財源」という用語は、本稿の立場からは相当ミスリーディングである）。すなわち、地方政府の財政危機は、中央政府による国家システム設計上生じたもの、言わば「作られた危機」である。

4　地方政府としての村の存在感

日本では、中央政府（国会）が作った法律を中央政府（官庁）自ら実施することは、一般的であるとは言えない。むしろ、地域における法律の実施は、都道府県・市区町村といった地方政府の長等の権限とされ、地方政府の業務の相当部分が、中央政府の法律を実施する作業になっている。もちろん、そうした作業にも地方政府ごとの裁量判断（工夫）の余地があるし、法律とは別に独自政策を練り、実施することもできる。しかし、そうした「自主性」が地方政府の仕事を貫いているとは言い難い。むしろ、例えば自営業の村民であれば、村

14　このような地方政府としての自治体観には、異論もあろう。多くの自治法論者は、分権を語る文脈で住民共同体における住民自治の重要性を強調してきた（脚註20の報告書にも見られる発想である）。しかし、行政実務はもちろん、憲法も地方自治法も、統治機構としての自治体観とこそ整合する。安易に住民と自治体を融合的に説明することは、政治責任の構造を曖昧にし、住民の基本的人権保障を後退させるであろう。用語法を自治体の法的地位と関連づけて整理するものとして、参照、兼子［1988］3～37ページ。

役場を、国や県の補助金の取次窓口として認識しているかもしれないし、村役場においては、国や県から資金を取ってきて村内に分配することに腐心する向きもあるかもしれない[15]。

つまり、村の存在感は役場業務の「自主性」にばかり由来するものではない。仮に村役場が財政危機で運営停止になるとすると、日本国の一部地域で法律の実施が相当程度停止するのであり、中央政府として到底放置できない事態である。県庁や近隣市町村が臨時代行することがあるとしても、一部地域だけ市町村空白地帯（都道府県の一層のみ）になるということは、地方分権を導入した日本国憲法にそぐわない事態と言えよう[16]。ではやはり財政面での「自立性」が鍵となるのか。

法論理としては、もし村が消滅することがあるとすれば、それは財政危機によってではなく、住民がいなくなり長の選挙をできなくなることによってであろう（議会は置かないこともできる。地方自治法94条）。村が存在することの法的な意味は、さしあたり一定の土地に地方政府の管轄が設定されているということであり、合併しても、区域の線引きが変わるだけで管轄そのものが消滅するわけではない。対して、住民が存在することは、地方政府が存在することの当然の前提として憲法上予定されており（日本国憲法93条2項）、長が選出された後に住民がいなくなった場合（長は住民ではないこともある。地方自治

---

15 公共工事の指名競争入札において、村が、村内事業者でないことのみを理由して指名回避したことの違法性が争われた事件がある（木屋平村指名回避事件）。その最高裁判決において、少数意見ながらも、「［指名の村内業者限定は］地元雇用の創出、地元産品の活用等地元経済の活性化に寄与することが考えられる」「村の経済にとって公共事業の比重が非常に大き［い］」「村内業者では対応できない工事を除き、…［指名の村内業者限定は］少なくとも村民の利益を損なうものではな［い］」といった観点を加味して、村外業者の指名排除に好意的な見解が示されたことは、憲法上の自治体観を考える上で興味深い。参照、最1小判平成18・10・26裁判所時報1422号5頁［横尾和子裁判官反対意見］。

16 自治体観はともかく、空白地帯は想定されていない。参照、塩野［2012］144ページ（二層制については151ページ以下）。

法19条)、憲法上その地方政府は存在し得ない[17]。

やはり、村の存在感は、所定の管轄区域毎に地方政府機構が独立していることに由来し、その独立性自体に法的意味がある(地方自治法1条の2第2項の「自立性」尊重とはこのことである)のではなかろうか。住民の存在はその独立性の前提ではあるが、住民の集合体(団体)が独立しているという意味ではない。確かに、ある市町村の住民が同時に別の市町村の住民であることはないが、それは現行法制が選択した便宜的整理とも取れそうである[18]。本稿の見立てでは、住民は管轄区域設定の結果であり、管轄区域が他の市町村と共有されない地方政府のありようこそが、「自立性」すなわち「独立性」の本義である。

5 自治体財政力の住民生活へのインパクト

それでも、村財政が危機に瀕すれば、役場職員と議員の待遇のみならず、住民サービスにも縮減の波が及ぶであろう。夕張市の事例は大いに示唆的である[19]。必要最小限の地方政府機能が失われることはないが、現実問題として、合併しなかったがゆえの財政危機に伴うサービス縮減への懸念が、小規模市町村の存在感を却って際立たせているとも言えよう。更なる実証分析の用意がなく上述論旨の繰り返しとなるものの、念のため一言しておく。

---

17 極端な想定ともみえるが、災害により居住者がゼロとなることは考えられる。この場合にも、一時的な避難と捉えて、住民がいるものとして処理することが現実的であるが、分散した避難先の行政サービス提供や必ずしも元の住所に戻らない実態を念頭に置くと、避難先の住民として扱われるべきようにも思われる。ただ、すでに深く掘り下げた議論のあるところで、本稿では立ち入れない。参照、飯島［2013］166ページ以下。人見［2014］59ページ以下。

18 前出註14でも告白したように、一般的理解ではない。むしろ、住民を自治体の構成要素とする説明が通用しているかもしれない。参照、飯島［2014］204ページ。地方自治法10条2項「負担を分任する」住民地位の解釈が問題となるが、本稿は、政治的メッセージに過ぎないとみる。参照、村上ほか［2011］58～59ページ原島良成執筆。

19 文献は多いが、財政破綻による主な事務事業の変化は、光本・金井［2010］16～22ページが参考になる。

合併とサービス維持の相関に、いわゆる「合併算定替」「地方債措置」等の手法により制度的に作出されている部分があることは、特に意識されて良い。専門外からの診断であるが、企業立地の関係で、施設の整備を含め手厚く給付を行う自治体がある一方で、簡素なサービスで生活利便性が相対的に低い自治体もあるが、仮にそれらが合併しても、全体としての豊かさは当然には変わらない。役所運営の効率化や一時的な国の補助で財政力強化が演出されるにとどまるであろう（むしろ広域化ゆえに合意形成の困難が増すことも予想される）。

そもそも、裕福な自治体は貧しい自治体と合併したがらないし、交付金等を通じた国の介入は、基本的には住民サービスの全国平準化を志向するものである。村の住民サービスについて、あるべき水準を見定めることは難しいが、少なくとも、合併により住民サービスを拡充するという発想には無理があり、財政とは別の観点から合併の意義を検証する必要がある。以下では、合併しなかったことを村の「独立性」維持という観点から、整理してみたい。

6　完全自治体であるための合併

本稿特殊の用語法から離れた一般的な話として、市町村合併は、新たな独立性の獲得を目指した独立性放棄であったようにみえる。そうだとすると、放棄の前後で地方政府の独立性は（量的にはともかく）質的に変化してはいない。前述のように、合併は住民にとって自治体の消滅を意味せず、区域の変更である。本稿が注目するのは、独立単位の変動である。

一般に独立性とは、自らの責任において自ら決定を行う裁量を保持していることであり、「自律性」と互換的な概念である。「自己決定・自己責任」は第一次地方分権改革のキイ・ワードであり、そのために団体自治の拡充が目指された[20]。この改革の思想には、いわゆる「完全自治体」観を重ね合せることがで

20　参照、「地方分権推進委員会最終報告―分権型社会の創造：その道筋―」（2001年6月14日）

きよう[21]。すなわち、村にどのような政府機能を持たせるかを考える際に、より規模の大きな市町と区別することなく、住民に対する基礎自治体としての責任と権限を等しく村にも担わせよう、という方針である。

　自治法論（特に官僚による説明）では「（地域）総合行政主体」という用語で説明されることがあるが[22]、「自己決定・自己責任」を打ち出す改革では、村役場が行政機能を総合的に担うことよりも、村が住民に身近な基礎自治体としてかけがえのない存在であることが重視された、とみるべきであろう。すなわち、基礎自治体としての責任を十全に果たすために、住民の居住生活、就業の実態や交通網や産業の状況等が市町村の境界を越えて拡がりを見せている場合に、近隣市町村と地理的管轄範囲を統合し、広域を視野に収めた政治、行政を目論む―「平成の大合併」を第一次地方分権改革の延長線上に位置づけるなら、このように、権限に見合うよう政治責任（としての地理的管轄）再編が行われたということであり、広域化それ自体よりも、住民に身近であるということの意味が変化した（住民生活と住所との結びつきが従来より希薄化した）ことに、注目すべきである。財政基盤を強化するために地理的管轄範囲を拡げるという議論では、手段が目的化しており、本来果たすべき責任の視点が置き去りにされている。

21　完全自治体概念は、日本国憲法第8章の背景にあるマッカーサー草案に遡り、そこでは地方政府が高い独立性を想定されていたと指摘される。参照、澁谷［2014］13ページ。
22　参照、塩野ほか［2000］123ページ［松本英昭発言］。明治から昭和初期にかけての、旧地方制度下での総合行政論との連続性が意識されるが、現行地方自治法における「総合性」論に持ち込むことには疑問があり、本稿は敢えてこの用語を避ける。参照、斎藤［2012a］3ページ以下［初出は2005年］。なお、金井利之は、自治省が2000年地方分権改革を主導したことの必然として「総合性」が強調されざるを得なかったと分析する。参照、金井［2007］23～50ページ。

7　合併しなかった村に問う

　合併しなかった村がどのように評価されるべきか。自治法論からは、「その選択は住民に対する責任に背を向けるものでなかったか」「住民に対してどのような基礎自治体であろうとしたのか」「どのような意味で完全自治体であろうとしたのか」という問いが突き付けられる。旧来の姿でなお独立している（政治・行政の単位である）ことの意味を、とりわけ地理的管轄範囲に引き付けて説明できるだろうか。

　合併しなかった選択を正当化すべく住民生活や産業の広域化を制限しよう、という本末転倒な鎖国的方針があるとすれば、それには十分警戒的でなければならないが、むしろここでは、現住する村民の共同体として独立しているそのこと自体に意味がある、という議論の問題性を指摘しておきたい。

　人口が減少し、数千人台、やがて数百人台となり、高齢化も進んだ村においては、一見すると住民生活には同質性があり、住民の共同体意識が比較的高いとしても、不思議ではない。しかし、仮に合併したとしても、そうした旧来の住民共同体の独立性が脅かされるわけではなかろう。村の独立性を住民共同体の独立性維持の目的で説明する論理には、相当飛躍がある[23]。

　また、一見同質に見える住民にも異なる事情と選好がある。地方政府としての村には、高齢化社会における若年者や農村社会における域外通勤者も視野に含め、住民共同体の状況を見つめつつもそこから距離を置いた立ち位置にあることが、求められる。そのようなスタンスにおいて、将来世代も含めた「住民の福祉の増進を図ること」（地方自治法1条の2第1項）が、市も町も村も区別なく負うところの、基礎自治体の責任である。住民共同体への給付政策で自己

---

[23] 文脈が異なるが、最高裁は、憲法上の地方公共団体を弁別する上で「密接な共同生活」「共同体意識」といった観点を持ち出している（最大判昭和38・3・27刑集17巻2号121頁）。本稿はこれを正当とは理解しない。なお、澁谷［2014］9〜12ページも参照。

存在を正当化する「甘え」をこそ、警戒すべきであろう。

　旧来の地理的範囲で独立性を保持したことは、法律の実施や独自政策の中でどう具体化されているか。県が追求する「県民一般の福祉」とは異なる「村民固有の福祉」を村が把握し、その実現のために独立維持を選択したはずである。独立性を活かし村民固有の福祉を図る実践によって、合併しなかった選択が事後的に評価されることになろう。

8　独立性を活かすために

　「独立性」を活かした実践が求められるのは、合併しなかった自治体に限った話ではない。しかし、合併は地理的管轄範囲の統合であると同時に役場組織の統合でもあった。職員数の削減が進む中で、合併の有無が自治体職員という人的資源の調達において自治体運営上の当面の差に繋がることは、予想できる[24]。村の「独立性」を活かせるかどうかは、政府職員である村職員の技量次第で、更に大きな差として表れる。

　自治法論の観点から、「独立性」を維持した自治体にこそ投げかけたい。地方政府には、法律を実施するために設置されているという無視できない一面があり、住民の福祉を法律の実施の中で実現していく責任がある。確かに、たとえば補助金事務では、法律ではなく国の要綱やガイドラインの実施という形をとることもある（しかも裁量の余地は少ない）が、補助金適正化法はもちろん、行政手続や賠償に関する判例理論など、法律の解釈と適用に村職員が習熟していなければ、基礎自治体としての責任を果たすことは到底できない。これまで問題が顕在化しなかったとしても、リスクを住民に負わせてきたことを、組織として自覚すべきである[25]。

　そもそも、法律を十分に扱えず、その読み方を県庁に尋ね、国に尋ね、あるいは何年、何十年も前に作られたマニュアルを機械的に実施するのであれば、

24　参照、伊藤［2014］31 ページ以下。

何のために「独立性」を維持しているというのだろうか。独自政策の実施においても、法律適合性の検証は欠かせない。政省令はもちろん、国の通知や事務担当者会議での解説にも期待できず、困難は一層大きいであろう。小規模自治体が「独立性」を活かすためには、組織として、職員に法律論の技量を磨く機会を与えることが必須である。規模の異なる近隣自治体や大学と合同で事例検討を行うことや、専門性の高い事務について人事交流を進めることも、積極的に検討されるべきである。

　もちろん、自治体職員は、法律論以外にも、住民や事業者との対話や組織経営面での能力を磨いていかなければならないだろう。ただ、「独立性」を維持したことは、職員の政策法務能力によって初めて有意義となる。その意味で、合併せずただ役場が縮小していく状況は、「独立性」の危機と言うべきではある[26]。

9　理論と機能の照合―広域連携・地方制度改革の行方

　本稿は、もともと小規模自治体の職員へのメッセージ性を多分に意識した問題提起の原稿を、理論との関連付けを意識しながら改稿したものである。「独立性」についてはさらに地方政府機能との相関を突き詰めて考察し、概念としての精緻化を目指すべきところであるが、紙幅の限界もあり、法的状況分析を小規模自治体実務への投げかけに繋げたことで一旦は完結させたい。ただ最後に、今後小規模自治体が直面する広域連携の孕む問題性を、今後の検討課題として指摘のみしておく。

25　自治法上の事務区分に絡めて解釈論点を摘示するものとして、碓井［2013］109ページ以下を参照されたい。また、熊本県上益城郡御船町が、竹バイオマス事業への農水省の補助に関し、事業に頓挫した事業者の受けた補助金約3億円を国に返還した案件は、教訓的である。参照、熊本地判平成26・10・27判例地方自治398号13頁［住民訴訟4号請求で町が一部敗訴］。

26　なお、これは産山村役場の現状を分析したものではなく、一般論として述べたものである。むしろ、村長はじめ役場職員と村民・村議が連携して本シンポジウムを実施した産山村の独立志向には、敬意を表したい。

斎藤誠はその著書において、「『総合的な行政主体』論は政策論であって、単独で総合行政が実現不可能な場合に、『総合的な行政主体』たるべく、合併ないし連携すべしというのもまた、政策論である。」と喝破し、「政策論の制度化・具体化にあたっては、(憲法レベルでも保障された) 地方自治という法原則における自己決定・自律という側面との適合性を問わねばならない。」と続ける[27]。本稿もこの問題意識に共鳴するものであるが (ただしある程度の「総合性」は「独立性」の前提となるかもしれない)、斎藤著においては「[広域連合や事務委託といった] 選択肢のメリット・デメリットが住民に明示され、事務の実施に過誤があった場合の、責任の所在もまた明確なものであれば、地域による事務処理方策の差異は、地方分権と自治に対応したものと言えよう。」と総括されており[28]、ここには更に実証的調査と理論的検討の余地があるように思われる。

　先に触れた地方自治法2014年改正の連携協約制度は、従前の事務共同処理制度が抱えていた問題に対処し、特に共同処理システムに加入する各地方政府の主体性ないし自律性向上を目指すものではあろう[29]。しかし、本稿が問題提起する地方政府それ自体の「独立性」は、個々の事務処理における意思決定の自律性問題に解消されるだろうか。

　ある地方政府が法律を実施する際に、地域的な公益が真剣な配慮の対象になり、それゆえに地方政府ごとに裁量基準や解釈基準の内容が異なり得る。また、法律の空白領域で独自に制定される条例には、さらに特徴的なヴァリエイションをみることができる。全国的な公益と広域・中域・狭域的な公益が重合的に、ときに相剋しつつ、また流動的に存在していること (狭域的な公益も区域の線

27　斎藤［2012b］481ページ［初出は2010年］。塩野［2012］228ページも参照。
28　斎藤［2012b］488ページ。
29　第30次地制調答申 (前出註8) は次のように述べていた。「例えば、一部事務組合や協議会については迅速な意思決定が困難ではないか、機関等の共同設置については中心的な役割を果たす市町村の負担が大きいのではないか、事務の委託については委託団体が受託団体から事務処理の状況等の情報を把握することが困難なのではないか等の指摘があることも事実である。」

の引き方によって変化しうる)を念頭においてこそ、日本の分権的統治システムに基本的人権を保護し多数派の専制を防ぐ"妙味"が感じられるのであり、いかに狭域的判断の余地を一定程度担保し、紛争処理手続を充実させようとも、事務実施単位が中〜広域化することによる意思決定と狭域政治の構造変化には、警戒が必要である。運用次第ではあろうが、連携協約制度が、合併しそこなった小規模自治体を緩やかに衰退させる延命制度として機能し、何事も連携するしかない地方政府の存在意義を救う根治術のタイミングが、失われることにもなりかねない。

　地域的公益は、誰にでも認識できる確かな形で存在しているというより、地方政府が独立して存在していることにより、糾合し、析出するものであるように思われる。そうした構造を見極め狭域地方政府を確実に存置させる法・財政制度の改革こそが、住民の自由と権利を担保する上で不可欠である[30]。

[付記：本稿は脱稿の1年前に急逝された今川晃教授のお導きにより執筆された。ついぞ内容につきご指導を賜ることは叶わなかったが、先生が遺された自治論との対話を続けることで、厚恩に報いたい。]

30　垂直・水平補完を考える上で、住民との連携や、住民相互の連携をどう位置付けるかも課題となろう。参照、今川［2006］367ページ以下。

第1部　合併しなかった自治体の実際～研究視点を中心に～

（参考文献）

天川晃 (1986)「変革の構想―道州制論の文脈」大森彌＝佐藤誠三郎（編）『日本の地方政府』東京大学出版会。

兼子仁 (1988)『自治体法学』学陽書房。

西尾勝 (1990)「集権と分権」『行政学の基礎概念』東京大学出版会。

牛山久仁彦 (1998)「地方分権の『受け皿』論と地方政府の規模―第25次地方制度調査会『市町村合併の推進に関する答申』を読む」『自治総研』237号。

塩野宏ほか (2000)『21世紀の地方自治を語る』ぎょうせい。

廣田全男 (2000)「事務配分論の再検討―憲法の視点から―」『公法研究』62号。

井川博 (2006)「自治体施策に対する国の責任と財源保障（上）―ナショナル・ミニマム、『通常の生活水準』の確保と地方交付税」『自治研究』82巻10号。

今川晃 (2006)「市民による監視と評価」今村都南雄（編）『現代日本の地方自治』敬文堂。

金井利之 (2007)『自治制度』東京大学出版会。

光本伸江・金井利之 (2010)「夕張市政の体制転換と公共サービス編制の変容（中）」『自治総研』380号。

村上順ほか（編）(2011)『新基本法コンメンタール地方自治法』日本評論社。

斎藤誠 (2012a)「総合行政と全権限性」『現代地方自治の法的基層』有斐閣。

斎藤誠 (2012b)「事務の共同処理に関する考察」『現代地方自治の法的基層』有斐閣。

塩野宏 (2012)『行政法Ⅲ行政組織法〔第四版〕』有斐閣。

松本英昭 (2013)『新版逐条地方自治法〔第7次改訂版〕』学陽書房。

碓井光明 (2013)「法定受託事務に係る若干の問題―事務の実質ないし運用実態の法的検討―」『明治大学法科大学院論集』12号。

飯島淳子 (2013)「住民」『公法研究』75号。

飯島淳子 (2014)「地方公共団体の構成要素としての住民・区域」髙木光＝宇賀克也（編）『行政法の争点』有斐閣。

澁谷秀樹 (2014)「憲法上の『地方公共団体』とは何か」『自治総研』432号。

人見剛 (2014)「原発事故避難者住民と『仮の町』構想」『学術の動向：SCJフォーラム』19巻2号。

伊藤敏安 (2014)「合併市町村における職員数の変化とその要因の検証」『地域経済研究』25号。

兼子仁 (2014)「基礎自治体の広域連携について―地域自治を拡充する方策」『自治研究』90巻1号。

兼子仁 (2015)「地域自治による〝一国多制度〟（二・完）―広域自治・連携を含めて」『自治研究』91巻11号。

宇賀克也 (2017)『地方自治法概説〔第7版〕』有斐閣。

第2章　小規模山村自治体の合併と財政

小泉　和重（熊本県立大学総合管理学部教授）

1　平成の大合併と交付税批判

　平成の大合併を契機に、小規模自治体の再編は大きく進んだ。人口1万人未満の自治体の数は平成合併前の1990年には1522を数えたが、2008年には489と約1/3まで減少したのである。これほど多くの小規模自治体が合併を選択した背景には国の財政危機に伴う地方交付税交付金（以下、交付税）の削減と合併特例法による財政的な優遇措置があったとされる。

　90年代初めにバブル経済が崩壊して以降、国の財政状況は大幅に悪化した。プライマリーバランスの赤字は慢性化し国債発行も増加した。1990年度の国債発行残高は168兆円で、2000年度にはその2倍の332兆円となった。このため、平成不況を脱するに従い財政再建の必要性が高まっていった。国の主要歳出の1つである交付税も経費削減の対象となったのである。

　周知の通り、交付税は国の5つの税金（所得税、法人税、消費税、酒税、たばこ税。平成合併当時）の一定割合を原資に、国が自治体の財源不足額を補てんする仕組みである。財源不足額は、基準財政需要額（自治体が標準的な行政サーヴィスを提供するために必要な経費見込額）と基準財政収入額（自治体が標準税率で調達できる税収見込額）の差額で示され、これを交付税で補てんすることで、自治体の財源保障と財政力格差の調整が図られたのである。とりわけ、財政力が乏しく、自力では標準的な行政サーヴィスの提供が望みえない小規模自治体にとっては必要不可欠な財源であった。

　しかし交付税も国の財政再建の対象になるにつれ、さまざまな批判が加えら

れるようになった。

　たとえば、交付税制度の持続可能性の問題がその1つである。これは、自治体の財源不足額（＝基準財政需要額－基準財政収入額）が交付税の原資（上の5つの税金の一定割合）を慢性的に超過している問題である。この超過分を国が特例国債を発行して穴埋めしているため、交付税を配分すればする程、国の財政が悪化（正確には交付税特会借入金の増加）することになった。そうした状況の中で、交付税の制度としての持続可能性が懸念され、基準財政需要額の水準の高さやその算定方式が問題視されたのである。

　また、交付税のモラルハザード論も現れた。これは、交付税のおかげで小規模自治体は安定的に財源を確保ができるが、それに甘え自助努力を怠っているとした批判である。交付税がなくなれば、自治体は行政改革や民営化によって経費削減に取り組み、徴税努力や企業誘致によって財源調達にも勤しまなければならない。いわば貧困者が生活保護に慢性的に依存し、貧困から抜け出せないとした「貧困の罠（Poverty Trap）論」を援用して交付税批判を展開したのであった。

2　合併優遇措置の仕組み

　こうした批判には交付税制度に対する誤解[1]も含まれていたが、財政赤字が拡大する中、交付税の削減は進むことになった。**図 2-1** に示すように、交付税額は2000年度の21兆7964億円をピークに減少し、合併特例法が失効する2005年度には16兆9587億円となった。もっとも、削減額の一部は臨時財政対策債（後年度、元利償還費の全額は交付税で財源措置される地方債）で補填されたが、それでも交付税の減少分は相殺できなかった。

　当時、交付税の削減は三位一体改革や事業費補正等の制度の見直しを伴って行われた。とりわけ、小規模自治体に大きな影響を与えたのが、段階補正の見直しであった。段階補正とは規模の経済性が発揮しにくい小規模自治体の実情

1　当時の交付税批判の反論は、神野・池上［2003］、5～10ページが詳しい。

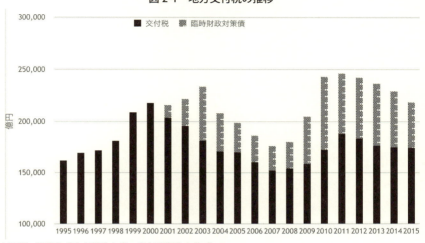

図 2-1 　地方交付税の推移

（出所）総務省『地方財政白書』各年度版より作成。

を考慮して交付税を割増して配分する仕組みである。

　自治体はどんなに人口規模が小さくても、首長や議会を置き、職員を雇用し一定の行政サーヴィスを提供しなければならない。このため規模の不経済が発生するがそれを調整するのが段階補正の役割である。しかし、1998年と2002年に亘って段階補正係数の切り下げが行われ、小規模自治体への交付税の配分額が減少することになった。交付税総額全体に占める小規模自治体への配分額は僅少にもかかわらず、小規模自治体をターゲットとした交付税の削減が行われたわけである[2]。

　その一方で、当時、合併特例法はそうした自治体を合併に誘導する役割を果たすことになった。その誘導策が合併特例債であり、交付税の合併算定替であった。

　合併特例債とは、合併した自治体が新たなまちづくりを行う場合、発行する

2 　川瀬［2011］、123〜126ページ参照。

ことができる地方債のことである。事業費の95％まで起債充当可能で、元利償還費の70％が交付税で財源措置された。このため、わずかな自主財源で大規模な公共施設を整備できると期待された。特に、合併前に下水道や教育施設などの建設を抑制してきた自治体には魅力的な制度となった。

　一方、交付税の合併算定替えとは、合併に伴い削減される交付税の激変緩和措置である。自治体は合併後、人口規模が拡大するに伴い規模の経済性が発揮できることになる。旧自治体が個別的に設置していた施設も集約でき、議員数、職員数も適正化することが可能となる。このため、合併後、算定される交付税の金額は合併前の旧自治体単位の合計額と比べ減額されることになる。この減額を抑制するために、合併後、10年間は旧自治体単位の交付税額を据え置き、11年目から15年目にかけて段階的に縮減する措置が採られたのである。

　このように、合併しなければ小規模自治体は交付税の削減にさらされ財政運営は苦しくなるが、合併すれば少ない自己負担で大型の公共投資が行え、交付税の算定替えの措置も受けることができると期待された。

　しかし、合併に踏み切ってみると、予想もしなかった事態が生じた。合併特例債に期待して過剰な投資を行った自治体もあれば、逆に、財政状況の悪化を恐れ、特例債の起債枠を十分活用しない自治体も現れた。また、国が交付税総額を削減する中、算定替えの措置があっても交付税は減少し財政運営に窮する自治体も現れた。

　さらには、交付税の算定替えの期間に、職員の削減や施設の統廃合が思ったように進まず、算定替え廃止後、財政状況が行き詰るのではという不安を募らす自治体も現れたのである。

3　市町村合併後の産山村財政

　さて、平成合併後、10年以上が過ぎたが、合併は小規模自治体の財政にどのような結果をもたらしたのであろうか。2003年に合併を選択しないと決めた熊本県産山村を対象に検討してみることにする。

第 2 章　小規模山村自治体の合併と財政（小泉和重）

　表 2-1 は産山村の 2005 年度と 2014 年度の財政数値の変化を見たものである。
　歳出額は 18 億 7800 万円から 28 億 4500 万円と 1.51 倍に、積立金現在高は 5 億 2200 万円から 9 億 6400 万円に 1.85 倍に増えているが、地方債残高は 30 億 2000 万円から 17 億 8300 万円に 0.59 倍と減少している。
　また、自治体の財政黒字、赤字の程度を示す実質収支比率は 10.7％から 11.2％に、財政の硬直化の程度を示す経常収支比率は 88.8％から 78.6％に、公債費の負担の程度を示す実質公債費比率は 13.3％から 10.3％と推移している。
　つまり、財政規模は大きくなり積立金は増えて借金は減り、財政状況を示す財政諸指数も改善しているのである。合併を選ばなくても小規模自治体は生き残ることができたわけである。
　これは産山村だけの状況であろうか。同じ熊本県内の小規模自治体の財政状況と比較してみる[3]。先と同様、2005 年度と 2014 年度の財政数値を合併小規模自治体（人口 2 万人未満の 7 町村）と非合併小規模自治体（1 万人未満の 11 町村）に分けてそれぞれの平均値の変化を見る。

表 2-1　熊本県内の合併、非合併自治体

	経常収支比率（％）			実質公債費比率（％）			実質収支比率（％）		
	2005	2014	差	2005年度	2014	差	2005	2014	差
産山村	88.8	78.6	-10.2	13.3	10.3	-3.0	10.7	11.2	0.5
非合併自治体	88.5	88.7	0.2	12.1	8.9	-3.2	8.5	7.3	-1.2
合併自治体	93.5	86.9	-6.6	13.4	7.7	-5.7	6.5	9.8	3.3
	地方債残高（100万円）			積立金（100万円）			歳出額（100万円）		
	2005	2014	倍率	2005	2014	倍率	2005	2014	倍率
産山村	3,020	1,783	0.59	522	964	1.85	1,878	2,845	1.51
非合併自治体	4,363	3,570	0.82	1,368	1,894	1.38	3,589	3,974	1.11
合併自治体	10,261	8,791	0.86	1,876	4,443	2.37	8,900	8,933	1.00

注）非合併自治体は人口 1 万人未満の 11 町村の平均値、合併自治体は人口 2 万人未満の 7 町村平均値。
　倍率は、2014 年度の数値 /2005 年度の数値で算出。
（出所）総務省編『市町村決算カード』、平成 17 年度、平成 26 年度参照。

　合併自治体、非合併自治体ともに歳出額と積立金現在高は増え、地方債残高は減っている。経常収支比率は非合併自治体でほんのわずかに増加し、合併自

　3　合併自治体には、あさぎり町、美里町、芦北町、山都町、氷川町、南阿蘇村、和水町が対象。非合併自治体は小国町、高森町、津奈木町、相良村、南小国町、湯前町、球磨村、山江村、水上村、五木村、苓北町が対象。

治体で低くなるという違いはあるが、実質収支比率は高く、実質公債費比率も改善しているのである。なお、合併は人件費を削減し行政効率を高めると言われたが、職員数は合併しようがしまいが減少したのであった[4]。

このように平成合併後、上記の合併自治体、非合併自治体では財政状況は大きく変わることはなかった。つまり、合併してもしなくても危機になるという自治体の不安は杞憂に終わったのである。

その背景として、2006年の夕張市の財政破綻、2007年の財政健全化法の成立、2008年のリーマンショックに伴う景気対策といった一連の流れが関わっている。リーマンショック後の景気対策で地方財政計画に歳出特別枠（地域経済基盤強化・雇用等対策費）が設けられ、交付税は増加することになった。またそれに合わせて、臨時財政対策債も大幅に増えることになったのである。

先にも述べたように交付税額は2000年度から2007年度にかけて減少したが、2008年度から増加に転じ2011年度には18兆7523億円に増加した（図2-1）。臨時財政対策債（5兆8546億円）を含めると24兆6069億円となり、2000年度の交付税額を大きく超えることになったのである。

熊本県内の交付税（市町村合計）も同様の推移を辿った。2000年度の2512億円から2007年度に1884億円まで大幅に減少したが、2008年度から増加に転じ2011年度には2266億円に増額された。臨時財政対策債（340億円）を含めると2606億円に達したのである。

このように交付税の規模は増加したものの、財政健全化法の施行や将来的な交付税の見通しの不透明感（あくまで交付税増は臨時的なので）から、自治体は公共投資や借入れを抑制し、財政調整基金への積立てを増やしていったのである。このことが、実質公債費比率等の財政指標の改善にも繋がったと予想される。

また、小規模合併自治体では新庁舎の建設を別にすると、合併特例債も過疎債も使い勝手の点では大きく変わらず、特例債を活用して大規模投資を進める

---

4 非合併自治体の平均職員数は、2005年度74.7人から2014年度66.2人に減少し、合併自治体でも同期、197.9人から166.0人に減少している。

ケースもさほど多くはなかった。このため、地方債残高も増えなかったのである。

　一方、交付税の合併算定替えが終了する問題はどうであろうか。多くの合併自治体では、10年間の算定替えの据え置き期間は終了し、段階的縮減の期間に入っている。一本算定になれば、交付税の大幅削減が生じるが、国は最近、基準財政需要額の支所経費や消防費の見直しを行い交付税の減収を緩和する措置を採っている。もっとも交付税がまったく減らないというわけではないので、合併自治体も算定替え終了を見越して、基金積立を計画的に行ってきた。

　このように、算定替えの廃止の影響は小さいと思われたが、昨年、4月の熊本地震で状況が変わる恐れもある。震災復興の対応で、合併自治体では積立金を大幅に取り崩しているケースも現れているからである。例えば、熊本市の場合、2017年度一般会計予算のうち地震関連経費は714億6573万円で、財源確保のために18億2000万円の基金取り崩しを行っている。また、南阿蘇村の場合、同じく地震関連経費は95億9269億円で、6億5000万円の基金取り崩しを行ったのである[5]。

　災害復旧事業では、国の国庫支出金や交付税等により手厚い財政措置が講じられている反面、東日本大震災と異なり、国が地元の「ゼロ負担」を保障しているわけではない。たとえば、2016年度の被災21市町村の地震関連予算は2831億5900万円で市町村負担は151億4500万円、5.3％が地元負担となった。合併市町村の宇城市の場合、地震関連予算は163億9600万円でその負担額は19億8100万円（負担率12.1％）に及んだ[6]。

　被災した合併自治体では「地震関連予算の地元負担」と「算定替えの縮減」の二重の負担を抱えることが危惧されている[7]。そのことにより自治体財政が悪化すれば、復旧、復興事業に遅れが生じ地域経済の再生や住民の生活再建にも影を落としかねない。

5　数字の出所は『熊本日日新聞』2017年4月6日。
6　数字の出所は『熊本日日新聞』2017年5月1日。
7　石巻市の事例でもこの点が指摘されている。川瀬［2015］53ページ参照。

4　小規模山村自治体の財政状況

さて、平成合併後、合併自治体、非合併自治体ともに当初、危惧された財政危機は被らなかったことを述べてきたが、将来においてもその状況は変わらないのであろうか。

現在、最も憂慮すべき問題は全国の自治体で進む人口減少である。国立人口問題研究所では、日本の総人口は 2040 年に 1 億 1092 万人に減少し、2053 年には 1 億人を割って 9924 万人になると予測している。また、2015 年に出版された増田寛也編著『地方消滅』では、人口 1 万人未満で若年女性の数が半減する自治体を消滅可能性自治体と定義し、その数は 2040 年で 896、全国の 4 割に及ぶと警鐘を鳴らしている（増田［2014］）。

同様に、産山村でも人口減少が進むことが予想されている。2015 年の国勢調査人口は 1510 人であったが、2040 年は 1034 人、2050 年は 873 人、さらに 2060 年には現在の半分以下の 738 人にまで落ち込むと推計されている。幸運にも『地方消滅』の中では、消滅可能性自治体に該当しないとされるが、今以上に人口が減少しても、自治体として円滑に行財政運営を行うことは可能であろうか。この問題を、産山村より小規模の自治体の財政状況と比較し検討することにしよう。

まず、比較する場合に、対象となる自治体を次のように限定した。1 つは、現在の産山村よりも人口が少なく、平成合併時に合併を選択しなかった自治体である。2 つには産山村と社会経済状態が似通っている山村自治体を対象とすることにした。具体的には山村振興法の適用団体（全部山村）である。このため、人口規模が零細であっても離島自治体は除外した。

こうした条件に該当する自治体は**表 2-2** に示すように、全国で 37 あった。最小規模の自治体は人口 397 人の高知県大川村で、最近、村会議員のなり手に困り、村総代による直接民主主義が検討された村である。

表2-2 小規模山村自治体の財政状況（2015年度）

自治体名	県名	人口	財政力指数	経常収支比率	実質収支比率	積立金現在高倍率	実質公債費比率	住民1万人当たりの職員数	税徴収率
大川村	高知県	397	0.09	80.3	8.1	1.7	7.6	503.8	99.4
北山村	和歌山県	446	0.10	73.7	10.0	2.1	3.8	426.0	99.5
野迫川村	奈良県	449	0.08	90.8	24.2	0.9	10.0	623.6	98.4
平谷村	長野県	485	0.13	64.8	15.2	1.8	5.2	268.0	98.6
上北山村	奈良県	510	0.09	77.1	18.7	1.7	8.6	705.9	99.3
丹波山村	山梨県	565	0.06	76.2	48.9	1.9	2.6	371.7	98.4
売木村	長野県	575	0.10	73.7	6.3	1.5	10.5	260.9	99.6
檜枝岐村	福島県	614	0.36	70.5	8.8	4.8	-2.5	586.3	100.0
黒滝村	奈良県	655	0.10	95.7	8.8	1.2	6.1	458.0	98.7
小菅村	山梨県	726	0.09	67.6	32.9	1.1	8.4	247.9	98.3
北相木村	長野県	775	0.15	74.5	5.3	2.7	3.2	309.7	99.4
馬路村	高知県	822	0.13	85.7	8.4	1.5	5.5	523.1	99.9
音威子府村	北海道	832	0.10	92.2	8.7	0.9	2.5	432.7	99.7
王滝村	長野県	839	0.19	70.7	6.6	1.5	4.7	488.7	98.1
新庄村	岡山県	866	0.21	73.3	13.3	1.7	6.2	311.8	99.7
下北山村	奈良県	892	0.20	79.9	4.4	2.2	6.2	414.8	99.7
根羽村	長野県	970	0.09	63.9	12.3	1.6	0.8	247.4	100.0
神恵内村	北海道	1004	0.09	86.2	7.0	1.8	6.7	368.5	99.1
南相木村	長野県	1005	0.92	81.0	5.0	4.0	1.5	427.9	99.9
大鹿村	長野県	1024	0.13	68.6	5.3	1.9	5.1	322.3	99.9
五木村	熊本県	1046	0.16	91.8	21.2	1.3	9.2	439.8	100.0
早川町	山梨県	1070	0.17	70.0	19.2	1.0	1.6	429.9	99.5
西米良村	宮崎県	1089	0.11	76.5	7.2	2.4	3.7	505.1	100.0
西興部村	北海道	1118	0.08	79.9	2.4	2.5	10.6	366.7	99.9
赤井川村	北海道	1122	0.21	87.1	9.9	1.0	4.2	320.9	91.3
占冠村	北海道	1211	0.20	88.7	4.6	1.0	6.0	379.9	98.6
初山別村	北海道	1218	0.09	70.9	1.2	1.9	5.9	303.8	99.7
上野村	群馬県	1228	1.00	74.8	15.0	2.6	8.9	268.7	100.0
北川村	高知県	1294	0.16	74.8	1.9	2.2	-2.3	316.8	99.9
川上村	奈良県	1320	0.13	73.4	15.2	3.9	2.0	363.6	99.5
昭和村	福島県	1322	0.09	80.2	4.0	1.7	4.4	264.8	97.6
天川村	奈良県	1353	0.12	83.2	22.3	0.9	9.6	362.2	95.1
天龍村	長野県	1363	0.15	66.2	3.6	1.2	-1.9	293.5	99.7
西目屋村	青森県	1415	0.09	90.2	5.2	1.6	11.5	261.5	99.0
七ヶ宿町	宮城県	1458	0.30	74.2	5.0	1.9	4.4	322.4	99.7
西粟倉村	岡山県	1472	0.13	88.6	14.2	1.0	9.1	203.8	99.2
島牧村	北海道	1495	0.08	75.4	2.5	0.9	4.0	361.2	98.3
37団体平均	-	974.2	0.18	78.2	11.2	1.8	5.2	380.1	99.0
産山村	熊本県	1510	0.13	78.6	10.4	0.8	9.1	258.3	84.8

(出所) 財政データについては総務省『市町村決算カード(平成27年度)』、人口については総務省統計局『平成27年国勢調査（人口速報集計）』より作成。

さて、37団体の財政状況を見ていくことにしよう。財政力指数は0.1未満が12団体、0.1以上0.2未満が17団体と、全体的に財政力指数（37団体平均0.18）は低い。しかし、中には群馬県上野村（1.0）や長野県南相木村（0.92）のように不交付団体かそれに近い団体もある。両村ともダム（南相木ダム、上野ダム）の固定資産税が豊かな税源を生み出している。

このように財政力は総じて低位にとどまるが、税徴収率(現年度分)は高い。37団体の平均徴収率は99.0%である。福島県檜枝岐村、長野県根羽村、熊本県

五木村、宮崎県西米良村、群馬県上野村では100％に達している。小規模自治体は徴税努力や住民の納税意識は高いことがわかる。

経常収支比率は通常、大都市と比較して農村の自治体の方が低いが、その傾向はここでも確認できる。37団体の平均は78.2％で、23団体が80％未満である。反面、住民1万人当たりの職員数は380.1人と人口規模が大きい自治体と比べ圧倒的に高いが、そのことは経常収支比率を押し上げる要因となっていない[8]。

実質収支比率は全団体とも黒字である。14団体が10％を超えており、中には著しく比率が高い団体も見られる。山梨県丹波山村は48.9％、山梨県小菅村32.9％、奈良県野迫川村24.2％である。実質収支の黒字は積立金の規模にも影響している。積立金現在高倍率（財政調整基金＋減債基金＋特定目的基金）÷標準財政規模）が1.0倍を超える団体、すなわち標準財政規模を上回って積立金を造成している自治体が31もある。中には、福島県檜枝岐村の4.8倍、長野県南相木村4.0倍、奈良県川上村3.9倍と、積立額が非常に大きな団体も見られる。

実質公債費比率は低い水準である。37団体の平均は5.2％で、5％未満の団体が17団体、5％以上10％未満の団体が16団体である。福島県檜枝岐村（－2.5％）、高知県北川村（－2.3％）、長野県天龍村（－1.9％）では実質公債費比率の値がマイナスとなっている。これは、交付税措置された公債負担額を繰上償還できるほど、財政に余裕があるということの証であろう。

以上、産山村よりも規模が零細な37の山村自治体の財政状況を見てきた。37団体の平均値は、財政力指数、税徴収率、実質収支比率、積立金現在高倍率の点で産山村よりも高く、実質公債費比率、経常収支比率の点では産山村よりも低くなっていた。総じて、産山村よりも人口規模が小さくても財政状況は良好に維持されているのである。ここから、現在の国の財政状況や財政制度が変わらないとすれば、産山村の人口が1000人を切っても、当面、財政状況が大きく悪化するとは言えないであろう。

---

[8] 第2次、第3次産業の割合が80％未満で住民数1万人から1.5万人の団体では一般会計職員の数は96人である。

5 交付税制度の改革と小規模自治体

以上のように、平成合併を選択しようがしまいが自治体の財政状況に大きな違いがなかった。また、将来の人口減少を踏まえて、小規模山村の財政状況を見たが懸念されるような状況にある自治体もなかった。

このように見ていくと、合併をせずに小規模自治体であり続けても何ら財政上の問題はないように思われる。しかしその一方で懸念すべき問題もある。それは、平成合併時と比べ国の財政状況は格段に悪化していることである。

先に見た2000年度の国債発行残高は368兆円であったが2010年には527兆円、さらに2017年度末には865兆円に増加する見通しである。これに地方債残高を加えた政府長期債務残高は1000兆円を超える水準となっている。

財政再建は喫緊の課題で、政府も2020年を目途にプライマリーバランスの均衡化を目指している（最近は棚上論も浮上）。このため、交付税も財政再建の議論の俎上に置かれ、制度の見直しが進められている。

財務省による交付税削減の要求は、リーマンショック時に景気対策として設けられた歳出特別枠、すなわち地域経済基盤強化・雇用等対策費の廃止に向けられている。これは地方財政計画に計上された臨時的な経費でピーク時の2011年度には1兆5000億円に達し、交付税を大きく増加させた。しかしその後、危機的な経済状況は脱し「平時モード」に移行したため削減が進められ、2017年度には1950億円となっている。

もっとも地域経済基盤強化・雇用等対策費の削減は即、交付税の削減に直結していない。なぜなら、削減額はほぼ別の項目に振り替えられて、交付税の削減が回避されているからである[9]。

たとえば、**表 2-3** に示すように、2013年度の地域経済基盤強化・雇用等対策費は1兆4950億円計上されたが、2014年度には1兆1950億円に削減された。

---

9 飛田［2017］51ページ参照。

削減分の3000億円は地域の元気創造事業費に振替られた。さらに、2015年度には地域経済基盤強化・雇用等対策費は8450億円に削減されたが、その一部はまち・ひと・しごと創生事業費に振替られたのである。こうした振替が行われている理由は、地域経済基盤強化・雇用等対策費は景気対策というよりも、自治体の少子・高齢化対策や地方活性化事業等に使われており一方的な廃止が困難なためである。

ところで、このような振替は小規模自治体にどのような影響をもたらしたのか。まち・ひと・しごと創生事業費に着目して見ていこう。2016年度の地方財政計画では、まち・ひと・しごと創生事業費は1兆円計上され、交付税の算定費目に地域の元気創造事業費（4000億円（うち100億円分は特別交付税））と人口減少等特別対策事業費（6000億円）の2つが置かれている。前者は自治体の行政改革と経済活性化の進捗状況に応じて財政需要を算定する費目である。

表2-3　歳出特別枠の推移とその振替経費　　　（単位：億円）

	地域経済基盤強化・雇用等対策費	地域の元気創造事業費	まち・ひと・しごと創生事業費	重点課題対応分	合計
2013	14,950				14,950
2014	11,950	3,500			15,450
2015	8,450		10,000		18,450
2016	4,450		10,000	2,500	16,950
2017	1,950		10,000	2,500	14,450

（出所）各年度の総務省『地域財政関係資料』より作成。

後者は人口をベースに地方創生の取り組みの必要度と成果に応じて財政需要を算定する費目である。それぞれの算定式は下記の通りである。

（地域の元気創造事業費）

単位費用×人口×段階補正×（経常態様補正Ⅰ＋経常態様補正Ⅱ）

経常態様補正Ⅰは自治体の行政改革努力を反映させる補正係数で、①職員数削減率、②ラスパイレス指数、③人件費削減率、④地方債残高削減率等の係数が含まれている。

一方、経常態様補正Ⅱは、自治体の経済活性化の進捗状況を示す補正係数で、一定期間の①農業産出額、②製造品出荷額、③小売業年間商品販売額、④若年

者就業率等の変化率を示す係数が含まれている。

算定額は 3900 億円で、行政改革努力分（経常態様補正Ⅰ）で 3000 億円、地域経済活性化分で 900 億円（経常態様補正Ⅱ）が見積もられている。

（人口減少等特別対策事業費）

単位費用×人口×段階補正×（経常態様補正Ⅰ＋経常態様補正Ⅱ）

経常態様補正Ⅰは人口減少の取り組みの必要度を反映させる補正係数で、①人口増減率／全国平均、②全国平均／転入者人口比率、③全国平均／年少者人口比率、④全国平均／若年者就業率等の係数が含まれている。

一方、経常態様補正Ⅱは、人口減少に対する取り組みの成果を反映した補正係数で、一定期間の①人口増減率、②転入者人口比率、③年少人口比率、④若年者就業率、⑤女性就業率等の変化率を示す係数が含まれている。

算定額は 6000 億円で、取り組みの必要度分で 5000 億円（経常態様補正Ⅰ）、取り組みの成果分（経常態様補正Ⅱ）で 1000 億円が見積もられている。

ところで、地域の元気創造事業費と人口減少等特別対策事業費の自治体間の配分状況（2016 年度）はどのようになっているのであろうか。**表 2-4** は両経費の経常態様補正係数の値を人口増加率の最上位 20 自治体（以下、人口増加グループ）[10] と最下位のそれ（以下、人口減少グループ）に分けてみたものである。

地域の元気創造事業費の経常態様補正ⅠとⅡを合計した人口増加グループの平均値は 0.899 で、人口減少グループのそれは 1.396 である。後者のグループ

10　人口増加率の上位 20 団体として、東神楽町（北海道）、大和町、富谷町（宮城県）、長久手市、阿久比町（愛知県）、つくばみらい市（茨城県）、小笠原村（東京都）、戸田市（埼玉県）、昭和町（山梨県）、朝日町（三重県）、粕屋町、新宮町（福岡県）、菊陽町、大津町（熊本県）、十島村（鹿児島県）、与那原町、与那国町、中城村、八重瀬町、沖縄市（沖縄県）。

一方、人口増加率の下位 20 団体として、夕張市、歌志内市（北海道）、風間浦村（青森県）、楢葉町、川内村、広野町、南相馬市（福島県）、女川町、南三陸町、山元町（宮城県）、大槌町（岩手県）、南牧村（群馬県）、丹波山村（山梨県）、黒滝村、上北山町、川上村、下市町、東吉野村、曽爾村（奈良県）、馬路村（高知県）。

人口増加率の高いグループにも十島村、小笠原村、与那国村が含まれるが総じて数万規模の自治体が多い。逆に、人口増加率の低いグループは 16 団体で人口 1 万人を下回っている。総務省統計局［2016b］、16 ページ参照。

の方が係数の値が高い。これは経済活性化の取り組み状況を示す経常態様補正Ⅱでは人口増加グループが高いものの、行政改革努力を示す経常態様補正Ⅰは人口減少グループが 1.119 と圧倒的に高いためである。

　人口減少等特別対策事業費も同様の結果である。人口減少グループの経常態様補正Ⅰ、Ⅱ合計の平均値は 1.949 と高い。これも取り組みの成果を示す経常態様補正Ⅱは人口増加グループの方が高いものの、取り組みの必要度を示す経常態様補正係数Ⅰは人口減少グループで 1.765 と圧倒的に高いためである。

　これらのことから地域の元気創造事業費も人口減少等特別対策事業費もともに、経常態様補正Ⅰが強く作用することで小規模で人口減少が進む自治体に財源が割り当てられる工夫がなされていると推測できる。

表 2-4　地域の元気創造事業及び人口減少等特別対策事業費の補正係数 (2016 年度)

	人口増加グループ	人口減少グループ
地域の元気創造事業費		
経常態様補正係数Ⅰ	0.618	1.119
経常態様補正係数Ⅱ	0.281	0.277
合計	0.899	1.396
人口減少等対策事業費		
経常態様補正係数Ⅰ	0.613	1.765
経常態様補正係数Ⅱ	0.244	0.184
合計	0.857	1.949

注）人口増加グループとは 2010 年から 2015 年の人口増加率が最上位 20 市町村、人口減少グループとは同期、人口減少率がそれぞれの係数は 20 市町村の平均値。
(出所) 総務省統計局『人口速報集計結果 全国・都道府県・市町村別人口及び世帯数』15 ページ、総務省「近年の主な算定方法の見直し等」[11] 参照。

　しかし、この状態は今後変わることが予想される。経済財政諮問会議の『経済財政運営と改革の基本方針 2017』でも示されているように、2017 年度から 3 年をかけて、両経費とも経常態様補正Ⅰから Ⅱ に需要額（それぞれ 1000 億円）をシフトさせることが決まっているからである[12]。地域の元気創造事業費の経常態様補正Ⅱの算定額は 900 億円から 1900 億円に、人口減少等特別対策事業費のそれは 1000 億円から 2000 億円に増えることになる。そうなると、人口増

11　地域の元気創造事業費【市町村分】、人口減少等特別対策事業費【市町村分】(http://www.soumu.go.jp/main_sosiki/c-zaisei/kouhu.html)：最終アクセス日・2017 年 10 月 12 日。

加率の高いグループに有利な配分に変わるため、小規模自治体への交付税の配分は減少する恐れもある。

　この点を補足するために、先に挙げた38の小規模山村（産山村を含む）を対象に地域の元気創造事業費の経常態様補正Ⅱの係数の分布を見ることにする[13]。38自治体のうち係数が0.2未満の自治体は44.7％（17団体）、0.2以上0.3未満が31.6％（12団体）、0.3以上が23.7％（9団体）である。これに対して全国1719自治体の分布は、0.2未満37.9％（650団体）、0.2以上0.3未満38.0％（654団体）、0.3以上24.1％（415団体）である。小規模山村では0.2未満の分布が中心で、全国自治体と比較して低位に位置していることがわかる。

　もっとも国はこうした改革を行うにあたって、地域活性化の成果を発揮しにくい条件不利地域に配慮するとしているが、具体的にどの程度、配慮するかは明らかではない。

　以上、見てきたような制度改革によって交付税の性格は成果主義的で選別主義的なものに変わりつつある。小規模自治体はそうした変化を逆手に取り、小さな自治体ならではのやり方で、地域づくりを進めていくことが今後一層求められる。

　小規模自治体は地域活性化のポテンシャルは必ずしも低くはない。合計特殊出生率が高いのは大都市でなく離島や山村の方であり、地域づくりに不可欠な住民同士の絆（ソーシャルキャピタル）が強いのも小さなマチムラである。若者の雇用や定住を増やしていければ、経常態様補正Ⅱや測定単位（人口）を引き上げることも可能であろう。

　考えてみれば、地域活性化に成功して観光人口や交流人口は増やせても税収の増加や財政的な自立に結びつかない自治体は少なくなかった。しかし、経常態様補正係数Ⅱのウエイトが上がれば、地域活性化の取り組みの成果は、交付

12　「地方交付税に関し・・・「人口減少等特別対策事業費」における「取組の成果」に応じた算定へのシフト、「地域の元気創造事業費」における「地域経済活性化分」の算定へのシフト等を進める」である。経済財政諮問会議［2017］39ページ参照。
13　データの出所は、表2-4と同じ。

税の割増と財政の安定性に結び付くことになる。

　人口が減少し、国の財政も悪化する中、小規模自治体を取り巻く状況は転機を迎えようとしている。この転機を好機に変える知恵と工夫を生み出すことを小さな自治体を選んだ住民や議会は求められていると言えよう。

（参考文献）
川瀬憲子 (2011)『「分権改革」と地方財政』自治体研究社。
― (2015)「震災復興財政の現状と課題：石巻市の事例を中心に」『静岡大学経済研究』20 巻 1 号。
経済財政諮問会議 (2017)『経済財政運営と改革の基本方針 2017 〜人材への投資を通じた生産性向上〜』。
神野直彦・池上岳彦 (2003)『地方交付税　何が問題か』東洋経済新報社。
増田寛也編 (2014)『地方消滅　東京一極集中が招く人口急減』中公新書。
飛田博史 (2017)「2017 年度地方財政計画の概要と地方財政の展望」『自治総研』通巻 460 号。

第3章　地域活性化の条件と自治
～未合併小規模町村の優位性～

原田　晃樹（立教大学法学部教授）

1　地域活性化取り組み動向

　全国で地域活性化の取り組みに注目が集まっている。地域活性化は政府の主要課題ともなっており、内閣府に地域再生や構造改革特区など5本部を統合した地域活性化統合本部が設置され、地方自治体に対し省庁横断の施策を実施するとしている。

　基礎自治体が主導する地域活性化としては、1979年に当時の大分県知事が進めた「一村一品」運動がよく知られるところであろう。今日では、集落・地域あるいは個人単位での特産品加工や産直販売の取り組みが広がりつつあり、地域住民による域内の交通・買い物等の生活支援サービスなども注目を集めている。都道府県・市町村の中には、これらを積極的に支援し、地域振興施策として展開しているところも増えつつある。こうした取り組みは、市場を介した経済関係にとどまらず、地域の歴史・文化・天然資源をめぐる社会関係や協働的な相互扶助（中村 [1979]）も射程に入れたものと捉えることができるかもしれない。

　もっとも、1970年代頃から提起されるようになった地域主義や内発的発展（玉野井 [1979]）に直接つながるものかどうかは吟味が必要である。施策に取り込まれた地域活性化が、理念としてのそれをそのまま体現しているとは限らないからである。それどころか、一般に期待される効果とは裏腹に、農山村地域において、地域住民が地域活性化に取り組めば取り組むほど、かえって地域の疲弊を加速させてしまう懸念すらある。

2 地域・住民による主体的な地域活性化の矛盾

地域住民が主体となった地域活性化が、結果として地域の疲弊を招きかねないという矛盾は、農村社会や住民を取り巻く次のような背景から説明できる。

（1）すでにがんばりすぎている現状

一つは、農山村地域では、集落構成員はすでに多くの労役に従事しており、余裕がない場合が少なくないことである。農山村地域において地域住民が何らかの生活課題に取り組もうとする場合、その基層単位は集落であり、多くの場合集落単体または数個程度の集落がまとまって町会・自治会・常会・部落会・組・班といった地縁コミュニティを形成し、同時にそれに重なる形で行政区が設定されている。農山村地域において専業農家が過半を占めていた時代には、集落は生活基盤だけでなく生産基盤の単位でもあったから、集落での共同作業はどの家庭にとっても生活に直結する重要な意味を持っていた。農業の機械化が進み、農村においても兼業農家や非農家が多くを占めるようになると共同作業に依存する必要性は低下していったが、地域の必要を地縁コミュニティで充足する慣習は多くの場合引き継がれている。

たとえば、筆者達が過去に調査したある地区（集落）では、わずか数十戸の規模であるにも関わらず、草刈り、消防団活動、ごみステーションの維持管理、民生委員・福祉委員、町の回覧・配布物の配付、徴税代行、水道管理、テレビアンテナ管理、神事、道路の融雪装置の維持管理、高齢単身世帯の雪かきなどを担うことになっていた（原田・金井 [2010]）。地区人口が減少し、しかも高齢化が進むにつれて、一人当たりの負担は加速度的に増えていく。当該地区を知る行政関係者によれば、こうした労役に耐えかねて都市部に転居する者も少なくないという。この地区では、1990年代に町が特産品の加工所を建設し、その管理運営を地区が担うことになったが、結局生産活動に人手を割くことができず、ほとんど稼働できなかったばかりか、管理運営も大きな負担となってしまった。

「がんばる地域」「がんばる住民」による地域活性化は、美名・美談として語られやすいが、農山村地域では、すでにがんばっている人たちにさらなるがんばりを強いることになりかねない面があるのである。

（２）市場経済の波に翻弄される地域住民

二つ目は、現在の地域活性化の取り組みは、市場経済の荒波にのみこまれてしまいかねない側面を有していることである。

かつては「一村一品」と言われたように、村ぐるみあるいは行政主導で個性や特色を打ち出すことに主眼が置かれていたが、今日では「一地域一品」とでもいうべきローカル化が進んでいる。このことは、地域・住民の主体的な取り組みが増えたのと同時に、単なる楽しみややりがいという域を超え、継続的な事業として根づくようになっていることを表している。その典型例が「農産物加工所」「農産物直売所」「農家レストラン」の設立・運営である。これらは、「地域再生三点セット」（関[2011]）と称されるように、住民や地域が主体的に関わり、一過性のイベントなどではないという点で、持続可能な地域づくりにつながると評されている（松永[2012]）。実際、同様の取組が1990年代以降全国に波及している。

だが、最近ではそれらの設立数や売上高は鈍化している。1990年代〜2000年代初頭までは、地域で特産品をつくったり産直所を運営したりする動きはまだ比較的少数だったから、その物珍しさから事業は総じて軌道に乗りやすかった。ところが、最近では、道の駅の登録数は1,117（2017年4月現在）にのぼり、直売所は農水省調査の対象にのぼったものだけでも16,816（平成21年度農産物地産地消等実態調査報告）ある。こうしたことから、農村ビジネスをめぐる市場は飽和状態に近づいているという向きもある。

特産品加工とその販売は、政府が推奨する「6次産業」のモデルとして今後も成長が期待されている。しかし、どこでも同じような取り組みが広がれば、当然のことながら競争は激化し、利益をあげ続けることは難しくなっていく。近年では、大手流通業との価格競争に加え、農業事業者間の安売り競争によって適正な利益を出しにくくなっているという（折笠[2013]56-57ページ）。「他地

域で取り組んでいるからウチも」という横並び意識で加工・販売を続ける限り、原価率の上昇や固定費の増加をメンバーのがんばりや賃下げによって補完しつづけるという負のスパイラルに陥ってしまうのである（図3-1）。

図3-1　住民出資型の加工場・産地直売所経営をめぐる負のスパイラル（イメージ）

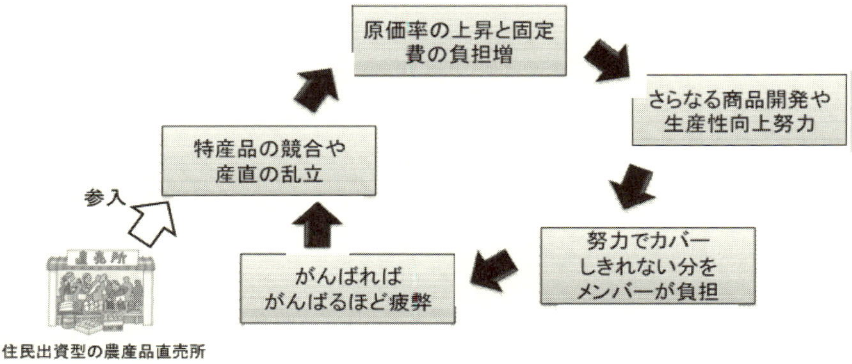

[図：住民出資型の農産品直売所が参入 → 特産品の競合や産直の乱立 → 原価率の上昇と固定費の負担増 → さらなる商品開発や生産性向上努力 → 努力でカバーしきれない分をメンバーが負担 → がんばればがんばるほど疲弊 → 特産品の競合や産直の乱立（ループ）]

（出所）：筆者作成

3　国主導の地域振興策の限界

　地域住民が主体となった地域活性化が、必ずしも持続可能性を高めるとは限らないのである。それは、決して地域や住民当事者のみの責任に帰せられるべきものではない。この直接的な要因として、公的セクター（国・都道府県・市町村・職能団体・公共交通機関・金融機関等）が、「地域のことは地域で」という（分権や行革などでの）スローガンの下、地域や住民の自己責任の原則を鮮明に打ち出すようになったことを挙げねばならない。つまり、国の地域振興政策（あるいは広く社会政策）の変容・転換が、住民や地域の取り組みに少なからぬ影響を及ぼしていると考えられるのである。その傾向は、財政力の脆弱な農山村地域ほど顕著である。

（1）国の政策変容・転換に翻弄される側面

　その一つの例は、国の地域振興策は、その時々の政治・経済情勢等によってその意図や重点施策が変容・転換してきたことである。そのため、地域において継続的に取り組んでいる活動であっても、国の政策変容・転換にともなってその評価のあり方が変わったり、取り組みに修正を余儀なくされたりすることはしばしば見られてきた[1]。

　地域活性化の取り組みを例に挙げると、今日農産品の生産・加工や産直所等での販売において大きな役割を果たしている農家女性グループは、農水省によって1990年代初頭から「農村女性起業」と名づけられるなど、その事業性に注目が集まるようになっている。農水省は女性の就農支援を積極的に進めているほか、全国都道府県の女性起業支援施策（2016年度末現在383）の中に、農業関係施策は数多く含まれている。農家の女性グループは、こうした農村地域での女性起業の流れをつくり、施策化に大きな貢献を果たしてきた。

　ただし、伝統的な女性グループは、元々経済活動を目的として組織化されたわけではなかった。その母体は、1950年代頃から全国で展開された生活改善実行グループや農協女性部グループだった。これらは、それぞれ都道府県の生活改良普及員や農協の営農指導員等の強力な指導によって組織化されたものであり、その背景には、農村の民主化を求める占領軍の強い関与があった。当時の農村は貧しかったことに加え、封建的な因習・風土の中で、嫁いできた女性の地位もきわめて低かった。生活改良普及員は、生活技術の工夫を通じて女性の家事負担を減らす指導のほか、自助グループである生活改善実行グループを奨励し、農家女性が共に助け合いながら台所の改善、保存食づくり、家庭菜園の充実、家計簿記帳などを自主的に行うように促したのである。

　それが、高度経済成長期になると、農水省は生活改善普及事業の目的を農家

1　農山村地域においてその最たる例は米の減反政策であろう。また、ダム、原子力発電所、産業廃棄物処理施設などのいわゆる迷惑施設の受け入れを国・都道府県から迫られ、それに伴う国庫補助や交付金によって地域の主体的な地域活性化の芽を摘んでしまい、地域の分断を招くといった例は枚挙に暇がない。

全体の生活向上へと変更し、農家女性が会合等で集まる場や加工場等の生産基盤整備に国庫補助を投入するようになった。他方で、1970年代に減反政策が強化されていく中で、米に代わる収入源を確保するとともに自給を高めて家計支出を抑えるために、自家菜園や余り物作物の加工に取り組む農産物自給運動（根岸［2010］22～23ページ）や、安全な食品を求める消費者と生産者が直接結びつく「産消提携」の拡大（矢野［2016］247～248ページ）などが、生活改良普及員や営農指導員などによって先導されていった。

　こうした政策変容・転換に伴う基盤整備や普及所等による指導を通じて、当初農家女性の地位向上や栄養改善などを目的として組織化されていった生活改善実行グループや農協女性部グループは、次第に特産品づくりや産直所の運営といった経済側面に注目が集まるようになったのである。

　近年では、このような農家女性グループの生産・販売活動がクローズアップされようになるにつれ、グループの事業高やメンバーの所得（分配金）の低さが指摘されるようになっている。実際、農水省の調査（「平成26年度農村女性による起業活動実態調査」）では、年間売上金300万円未満が48.4％を占めている。農水省は、農村女性の生産単位がグループから個人に移行しつつあることを踏まえ、グループによる手作り品を中心として軒先や直売所で販売するスタイルから、個人の起業や会社法人による工場・生産委託を中心とする小売店・ネット販売のスタイルへの移行を示唆している[2]。そして、農業分野における女性起業のロールモデルを提示し、人材育成を図るため、「農業の未来をつくる女性活躍経営体100選（WAP100）」、「農業女子プロジェクト」、「女性農業次世代リーダー育成塾」等の事業を展開している（佐藤［2016］61～66ページ）。農家女性に関する国の政策変容と農村女性起業の関係を年代別に整理したものが**表3-1**である。

　だが、当初の組織化の目的が、事業化ではなく、農家女性の生活改善を目指

2　『農業における女性起業～現状と課題・施策～（農林水産省）』（内閣府平成28年度男女共同参画推進連携会議「女性の起業支援」チーム第2回会合配付資料）。

表 3-1　農村女性支援政策変容の影響

年代	主な変化のポイント	主な政策のポイント
①1950年代	農村の民主化	生改グループの組織化と生活技術の啓蒙
②1960年代	農村社会の近代化	生活改善事業におけるハード整備の推進
③1970年代	農家女性の生産・販売活動の活発化	米の減反政策・農作物輸入自由化への対応
④1980年代	行革による効率化・簡素化	普及員体制の再編、普及支援への成果指標の導入
⑤1990年代	グループの起業化支援	既存グループの起業化・女性の経済的自立
⑥2000年代以降	個人の起業化支援	6次産業の担い手（アントレプレナー）の育成

（出所）：筆者作成

したものである以上、従来から取り組んできた女性たちにとっては、収入や事業規模の拡大が事業の主たる関心事とは限らない。実際、岡部・旦（[2013]25～29ページ）の調査では、経済的な価値にはそれほど高い関心を示さないことが明らかになっている。

　農村女性グループが地域に果たしてきた価値は、特産品生産やその販売活動等の経済的価値だけではない。地域において孤立しがちな女性たちが共に悩みや生活上の問題を話し合い、行動を起こす「居場所」として機能していた面も、当時の農村社会において重要な価値であったはずである。こうしたコミュニティは一般に結束型のソーシャル・キャピタルと称される。それを経済的な指標で評価することは難しいが、長期的な視点に立てば農山村の地域活性化に不可欠の資源である。しかし、経済的側面を重視すればするほど、こうした目に見えない価値は往々にして捨象されてしまいがちである。誤解を恐れずに言えば、国にしても自治体にしても、行政が策定する地域振興策では、地域住民のがん

ばりや相互扶助といった目に見えない価値は、ただ（経済的な価値はない）という認識が働いている。だからこそ、財政が逼迫する中で、「がんばる住民」「がんばる地域」が賞賛されるのである。

（2）縦割りによる行政支援

　もう一つの例は、国の政策として展開される地域活性化策は、省庁別の縦割りで展開されるために、当該地域において個々の施策が有機的に結びつかず、行政支援を受けたグループ・団体間の関係も深まりにくい傾向が見られることである。

　たとえば、国は「平成の大合併」や人口減少時代の国土計画に対する一つの対応として、地域自治組織づくりを提唱している。地域自治組織とは、「市町村の一定の区域を単位とし、住民自治の強化や行政と住民との協働の推進などを目的とする組織」（第27次地方制度調査会）の総称である。地域自治組織は地域住民が自発的に設けたグループがベースになっているところ（広島県旧高宮町川根地区、島根県旧掛合町波多地区など）もあるが、多くは2000年代の「平成の大合併」の後、地域への細かな配慮を維持させる仕組みとして、市町村主導によって設置されている。地域自治組織は、地域やNPOが公共サービス供給の担い手として活躍するための受け皿の一つとなることも期待されているが、当該市町村の区域全域に設置される傾向があるため、勢い地域の熱意ややる気にかかわらず一律に設置されがちであり、既存の地縁組織の主要メンバーがそのまま地域自治組織の主要メンバーになる例も少なくない。そうした地域では、地域自治組織が必ずしも当該地域の多様な意思を反映していることにはならず、かえって地域の分断・対立を深めてしまう懸念もある。

　また、特産品の加工・販売を行う個人・グループは、前述のように都道府県の普及員や農協の営農指導員による強力な指導の下に組織化された生活改善実行グループや農協女性部を母体として成長してきた。それ故、グループ化や起業化は比較的効率的に進んだものの、相互の関係は総じて弱く、また地域との関係を積極的に深めようとするインセンティブも強くないのである。（図3-2）

図3-2 従来の行政支援（農村女性グループ支援のイメージ）

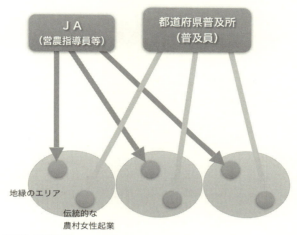

（出所）著者作成

　新しい組織や体制を整備したとしても、それが旧来の地縁を基礎に置くメンバーシップに依拠する限り、かえって地域の閉塞感を深め、新しい人材の登用を難しくしてしまう面もある。あるいは、事業の経営を特定の行政資源や個人の力量に過度に依存することにより、メンバーの主体性が損なわれ、ひいては地域間の関係も希薄になってしまうのである。

（3）地方創生における地域活性化策と「補助金行政」

　では、現在の国の地域活性化策は、地域の持続的な地域振興という点からどのように捉えることができるだろうか。

　政府は、2014年12月に「まち・ひと・しごと創生法」に基づく「まち・ひと・しごと創生総合戦略」を閣議決定し、地方創生関連施策を展開するなど、地域活性化を国の重点施策と位置づけている。地域活性化は多義的な用語であるが、国の施策としての地域活性化は、主として外部資本導入によるハード整備を中心とした経済開発を指してきた（小田切[2014]）。それが、地方創生関連施策では、自治体の主体性を尊重する姿勢を打ち出すようになっており、以前と比べれば、地域の実情に応じて柔軟に対応できる余地は広がっているといえるだろう。

そうした姿勢を端的に示すのが、従来の補助金行政の弊害是正の取り組みである。地方版総合戦略計画では、事業を複数年度にわたって計画できるほか、その進捗についてアウトカム指標である重要業績評価指標（Key Performance Indicators: KPI）を用いてその施策効果や目標達成の状況等を検証し、改善する仕組み（PDCAサイクル）を設定することが義務づけられている。

　ただし、この仕組みではつくりっぱなしという弊害は避けられたとしても、手っ取り早く成果を示せそうな事業を優先的に選択する誘因が働きやすい。数値化できる価値の達成を強く意識した計画策定が進めば、むしろ画一的な地域振興が進んだり、成果が出にくい課題が後回し（クリームスキミング）にされたりする恐れもある。実際、地方創生に関する新型交付金を受けるためには、限られた期限内に定められた様式で地方版総合戦略計画を策定することが求められる。自治体にとっては時間的な制約の中、仕様上の手順にしたがって策定しなければならないため、結果としてコンサルタントに計画策定を丸投げし、既存の施策を寄せ集めた内容になってしまっているところも少なくないという（山下・金井 [2015]）。その帰結は、交付金・補助金獲得を主目的とする意識を助長し、その執行手続に多くのエネルギーを割くという典型的な「補助金行政」の姿である。

（4）「相互依存モデル」の限界

　もっとも、物的整備がすべての自治体で喫緊の課題であった高度経済成長期には、自治体関係者の補助金行政に対する認識は現在のそれとはやや異なるものであった。首長や地方議員は「中央に直結した地方自治」をアピールして事業官庁や与党とのパイプの太さを競い合い、自治体職員は補助金・各種交付金の仕組みや運用を熟知し、自地域に有利な交付要件や特別措置を引き出せることが有能の証とされた。他方で、国の側も、横並び意識を持つ自治体の特性を利用し補助金の獲得に向けて切磋琢磨させることで、より効率的に事業の執行を地方に委ねることができた。行政学者の村松岐夫は、このような国と地方の相互依存関係を地方自治の一つのモデルとして捉えている（村松 [1988]）。

相互依存モデルでは、成功する自治体とは国から多くの資源を引き出せたことと同義であった。そして、財源の多くを国に依存し、その多くが国庫補助のような時限付きである限り、より多く、切れ目なく獲得し続けることこそがリスクヘッジであった。しかし、1980年代の行革における補助金の整理統合を経て、1990年代後半頃からこの手法に明らかな綻びが見え始めている。その最たる要因は、今日の地域振興策が、地方への財政移転総額の抑制とセットで打ち出されるようになったことである。従来、国の地域振興予算は、社会保障や雇用対策などとは別に手当てされてきた。しかしながら、国は、もはやかつての「国土の均衡ある発展」という国是を放棄する方向に舵を切りつつある。国土形成計画の見直しでは、社会資本投資の「選択と集中」がうたわれ、高次地方都市連合や集落再編を促す小さな拠点構想が盛り込まれている。また、地方圏では「平成の大合併」の結果、自治体内部に広大な周縁部（限界集落）を抱えるようになり、地域の隅々にまで対応する余力はなくなりつつある。従来農山村地域で農業指導、農産品生産・販売支援、雑貨店・ガソリンスタンドのサービス提供などを行ってきた農協も、広域合併を繰り返す中で過疎地域からの撤退が相次ぎ、地域のサポート機能を失いつつある。

　これらは地域のセーフティネットに深刻な陰を落とす。というのは、国は、高度経済成長期以降、公共事業や業界への各種の保護・規制を通じて雇用を確保し、福祉的なニーズに対応してきたからである（宮本 [2009]）。地方への財政移転総額が抑制される中で地域振興予算が選別的に配分されるようになれば、自治体間の補助金獲得をめぐる競争はサバイバル競争と化す。それは自治体内部の地域間にも当てはまる。近年地域活性化の担い手として期待が集まっている地域自治組織は、一面において周囲の限界集落を切り捨て、生き残り可能なコミュニティに再編させる装置として機能することが期待されているのである。

　補助金行政をめぐる国―地方の相互依存モデルは、国の財源が右肩上がりで増えている時代にはある程度分権的に機能した面があったのかもしれない。しかし、今日の右肩下がりの時代では、相互依存の関係は縮小再生産をもたらし、

共倒れに向かうリスクをはらんでいるのである[3]。

4　競争社会から共生社会への価値観の転換

(1) 連帯的な経済関係の創出

　自治体、とりわけ条件不利地の小規模自治体がこの悪循環から解き放たれるには、国が求める地域振興のロジックに乗らない独自の戦略を描いておく必要がある。そのためには、まず何よりも自治体や地域が、住民目線からの生活者を起点とする主体性（金井［2016］）を地域運営の主軸に据えることが必須であろう。その上で、今後を展望したとき、この際これまでの補助金行政に貫徹していた価値観からの転換を図ることが求められているように思われる。補助金行政に象徴される国－地方関係は、国民経済全体の成長が見込めない社会において、自治体間・地域間の競争を一層煽ることにつながる。国の資源は増えない以上、その競争はゼロサム的である。そこに地域の将来を委ねてしまうにはにはあまりにリスクが大きい。今こそ、かつての内発的発展論や地域主義論でも提起されていたように、競争によってではなく、共生によって地域を再生していこうとする発想が求められているように思われるのである。紙面の都合上さしあたり次の2点を指摘しておきたい。

①地域コミュニティの再編を通じた包摂的な地域づくり

　第一に、地域コミュニティの再編を通じた包摂的な地域づくりである。

　条件不利地であっても比較的元気な自治体に共通する傾向は、女性、I・Uターン者、（数は少ないが）若者など、多様なタイプの人材が活躍していることである。このことは、地域の担い手不足や人口問題を考える際に示唆的である。こうした人たちは、従来の地域運営において中心的な役割が与えられなかった人たちである。地縁組織は世帯加入が原則であり、行政とのパイプ役となる各種団体の役員はあて職だったからである。しかし、新しい人材が多様な形で活躍して

---

[3]　この点については、原田・金井［2010］を参考にされたい。公益社団法人地方自治総合研究所のホームページ（http://www.jichisoken.jp/）からダウンロード可能である。

いるところは、従来の固定的な人間関係の基盤であった地縁組織が変容し、新たな関係性が形成されている。この一つのきっかけが地域自治組織や集落営農組織などをきっかけとした新しいコミュニティづくりである。地域住民が新しい課題に打って出るために主体的に立ち上げ、運営しているところが、前述の行政主導によって設立されたものとの違いである。小田切[2009]は、このような地域自治組織を「手づくり自治区」と呼んでいる。結束力は固いが閉鎖的になりがちな集落コミュニティを束ねることで、それらの良さを生かしつつ、多様な人・団体が連携できる橋渡し型のコミュニティに再編することを意図しているのである（藤井ほか[2016]）。(**図 3-3**)

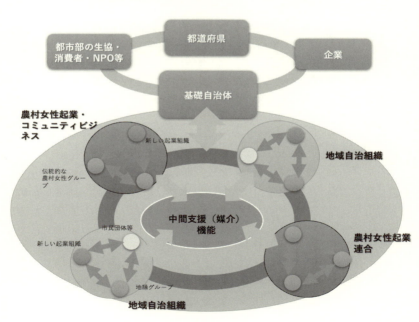

図 3-3 地域における水平的なネットワーク（イメージ）

（出所）著者作成

②地域における連帯的な経済関係

　第二に、地域における連帯的な経済関係づくりである。

　農山村では、新しいコミュニティづくりと呼応して、地域のニーズや特性に応じて住民の発意に基づくさまざまなグループ・組織が立ち上がっているところがある。たとえば、買い物難民対策のため、地域住民の出資による会社法人を立ち上げ、道の駅を運営する例（島根県美郷町：合同会社だいわもんど）、廃校になった学校とその周辺施設を地域住民がレストランや宿泊施設として運営している例（島根県津和野町：杣のさと よこみち）、合併後の旧村の活性化を図るため、農家女性達が呼びかけて地域協議会を発足させ、それを母体として農産品の産地直売所の会社を興した例（高知県旧十和村：株式会社十和おかみさん市）、高齢化が進む農家女性の加工グループが連合体をつくって産地直売所を共同運営する例（福岡県八女市星野村：おばしゃんの店清流）など、いずれも地域の切実な課題への対応が設立の動機になっている。

　加えて、これらの多くは民主的なガバナンス構造を有していることも特筆すべき点である。株式会社や合同会社等の営利法人によって運営しているところでも、地域住民の出資を原則とし、合議に基づく運営を行っている。これにより、問題意識や立場の異なる人たちが組織のミッションを共有し、合意形成を図ることを容易にしている。

　これらは、生産・販売の基盤を有し、それを自分たちの手で民主的に管理しているという点で、新しいコモンズと捉えることもできるだろう。そして、個々の事業体は、自らの経営を成り立たせるために、互いに事業や仕事を融通し合う関係が芽生えている。たとえば、移送サービスを行うグループは、車を持たない農家女性が作った加工品を運搬したり、農家レストランが作る弁当の配送をついでだからと低廉な価格で請け負うことがあるが、このことによって、自身の組織の経営に多少なりともプラスになるだけでなく、相手の事業の支えにもなっている。地域の課題解決という問題意識を共有する住民が自ら経営に携わることで、こうした目に見える経済的な互酬関係が可能になるのである。こうした経済関係は連帯経済と呼ばれる（藤井ほか 2016）。フランスでは 2014

年7月に社会的連帯経済法が成立し、ブラジルでは2003年に連邦政府の雇用労働省に国家連帯経済局が設置され、国家開発計画において連帯経済開発プログラムが取り上げられるようになっている。2011年にはエクアドルで民衆連帯経済法、2012年にメキシコで社会的連帯経済法が成立するなど、世界各地でその萌芽を見て取ることができる。

　なお、連帯経済の概念は、内発的発展論のそれと通じるところがあるが、本章では別の概念と捉えている[4]。すなわち、本章で再三指摘してきたように、「一村一品」のような行政主導による地域活性化は、必ずしも地域住民にとって望ましい結果をもたらすとは限らないこと、今日の地域活性化は、国の財政難への対応として要請されている側面があることから、地域の経済的自立（自律）を主目的にすべきではないと考えられること、国主導の地域開発への反省には立っているが、それへの対抗理論として捉えることはできないと考えられること（むしろ、条件不利地において持続可能な成長をうたうなら、それに見合った基盤整備は不可欠であるという立場）などから、連帯経済の概念を用いることで、相互扶助や事業連携など、具体的な協力や取引関係を強調し、そこから自治のありよう（地域自治やローカル・コモンズ）を描き出すことをねらいとしている。

5　連帯経済とそれを支える自治体の役割

（1）水平的ネットワークと垂直的ネットワーク形成の主体としての自治体（第一線職員）

　地域において連帯的な経済関係を浸透させていこうとすれば、まずは一つ一つの活動を促し、主体間のネットワークを形成する媒介者の存在が不可欠である。その主体は、NPOが担うケース（熊本県菊池市水源地区：きくちふるさと水源交流館）、地域自治組織が担うケース（広島県安芸高田市：川根地域振興協

　4　内発的発展論の問題点については、松宮[2007]を参照した。

議会)、農村女性起業のグループが担うケース（秋田県大館市：陽気な母さんの店）など多様であるが、自治体が事実上の役割を果たしているところも少なくない。むしろ、地域活性化に奏功したと評される事例を概観すると、少なくとも初発の段階では、志ある市町村職員が地道に下地をつくり、インキュベーターとしての役割を果たしているところが多い（島根県海士町[5]）。

　この場合において市町村が果たしている役割は、水平的なネットワーク形成の媒介者である。その意味では、NPOや地域コミュニティなど他のアクターと同列の位置づけであり、対等の立場である。このような水平的な関係（橋渡し型のネットワーク）は、連帯的な経済関係の重要な基盤である。ただし、水平的なネットワークは、互いの力関係に大きな差がなく、かつ活動主体が地域に幅広く存在する場合においてより有効に機能すると考えられる。すでに指摘してきたように、同一市町村の中に限界集落が広範に存在したり、各主体間の能力に格差が存在したりする状況では、各主体の経験不足・資源不足等により、必要とされるニーズに対して十分に対応できない地域・領域が残されたり、そもそも活動する主体が存在しない地域・領域が出てくるといった問題が生じうる。こうした地域内格差や課題については、これまで国の施策に一定の期待をかけることができたが、これからはますます難しくなるだろう。

　そこで、基礎自治体は、これまで以上に、ネットワークの媒介者としてだけでなく、こうした地域の問題やニーズを公的な課題として認知し、公的な責任として地域格差やサービスの空隙を埋め、他方で各主体が持続的に活動できるような基盤整備を行うことも、重要な役割になっていくだろう。これは、地域の各主体との「垂直的なソーシャル・キャピタル（リンキング・ソーシャル・キャピタル）」あるいは「パートナーシップの関係」と言うことができる。

　ただし、官民のパートナーシップは元々対等の関係ではない。そこにはある種の権力関係が生じており、地域資源へのアクセス力にも決定的な差がある。そのため、パートナーシップの関係を深化させようとすればするほど、行政の

5　海士町の取り組みについては、嶋田[2016]を参考にされたい。

指導力が地域の隅々にまで及んでしまう危険もある。こうした関係を是正するには、各組織や地域の参加型のガバナンス構造と重層的なネットワークの形成が土台になければならない。それぞれの主体は、地域とつながり、多様な人たちを包摂することで、声を発しにくい人たちの声を集合化でき、それが公的アクターと対等の関係を築く基盤になるからである。パートナーシップの関係は、個々の主体の包摂性（地域の多様な人たちを巻き込む力）や水平的なネットワークとセットになって初めて有効に機能するのである。

（2）小規模自治体の優位性

地域活性化をこのように捉えると、市町村の第一線職員が果たす役割は決して小さくないことがわかるだろう。むしろ、地域において連帯的な経済関係を可能にするための基盤整備については、市町村のイニシアティブが不可欠であり、そのためには、何よりも自治体の第一線職員が、地域の実情に精通し、地域で活躍する人たちと地域のビジョンや方向性を共有できる感性を持つ必要がある。

過疎自治体の実情は決して楽観視できるものではないが、当該自治体が、結果として国の「選択と集中」の論理を地域に押しつける役割を果たすのか、それとも住民に寄り添い、あくまで包摂的で連帯的な地域づくりをめざすのかによって、地域の未来は大きく変わり得る。自治体が前者を選択するのなら、既存の「補助金行政」への依存が手っ取り早く、合併による規模の経済が望ましいということになろう。だが、後者を選択するのなら、明らかに小規模自治体の方に分がある。「平成の大合併」の荒波にものまれなかった小規模町村は、こうした新しい価値観に依拠した地域活性化に取り組むチャンスの与えられた数少ない自治体なのである。そして、地域振興には地域住民の主体的な関わりが求められるからこそ、自治体（職員）の地域づくりに対する本気度が問われるのだといえるだろう。

第 1 部　合併しなかった自治体の実際〜研究視点を中心に〜

(参考文献)

岡部佳代・旦まゆみ (2013)「農村女性起業家の事業継続を支援するための調査・分析・ネットワーク開発に関する研究：北部九州からアジアへ」『アジア女性研究』22 号。

小田切徳美 (2014)『農山村は消滅しない』岩波書店。

小田切徳美 (2009)『農山村再生「限界集落」問題を超えて』岩波書店。

折笠俊輔 (2013)「農産物直売所の特徴と課題〜既存流通との比較から〜」『流通情報』502。

金井利之 (2016)「『地方創生』の行政学」『都市社会研究』第 8 号。

佐藤一絵 (2016)「女性農業者の活躍における課題」『日本労働研究雑誌』675。

嶋田暁文 (2016)「海士町における地域づくりの展開プロセス〜「事例」でも「標本」でもなく、実践主体による「反省的対話」の素材として〜」『自治総研』456。

関満博 (2011)『「農」と「食」のフロンティア―中山間地域から元気を学ぶ』学芸出版社。

玉野井芳郎 (1979)『地域主義の思想』農山漁村文化協会。

中村尚司 (1993)『地域自立の経済学』日本評論社。

根岸久子 (2010)「農村女性起業のこれから―JA は何をすべきか」『JA 総研レポート』13 号。

原田晃樹・金井利之 (2010)「看取り責任の自治（上）（下）」『自治総研』379・380 号。

藤井敦史・原田晃樹・熊倉ゆりえ・菰田レエ也・今井玲・朴貞仁 (2016)『中間支援組織調査を通して見た日本の労働統合型社会的企業（WISE）の展開と課題（公募研究シリーズ 60）』全労済協会。

松永桂子 (2012)『創造的地域社会：中国山地に学ぶ超高齢社会の自立』新評論。

松宮朝 (2007)「日本における内発的発展論の展開とその課題―費孝通氏の『模式論』からの示唆―」『愛知県立大学文学部論集（社会福祉学科編）』56。

宮本太郎 (2009)『福祉政治―日本の生活保障とデモクラシー―』有斐閣。

村松岐夫 (1988)『地方自治』東京大学出版会。

矢野泉 (2016)「都市部におけるインショップ型農産物直売に関する一考察―広島県における農産物直売所 A を事例に―」『修道商学』（広島修道大学ひろしま未来協創センター）、57 巻 1 号。

山下祐介・金井利之 (2015)『地方創生の正体：なぜ地域政策は失敗するのか』筑摩書房。

第4章　小規模自治体と財政効率

　　　　　　　　　　　　　　　　増田　知也（摂南大学法学部講師）

1　市町村合併と財政面の効果

　筆者は「合併しなかった自治体の将来を考えるシンポジウム」において、グループ意見交換会のＡグループのファシリテーターを務めた。このグループでは「合併しなかったちいさな自治体の財政・財務上の課題・悩みは」というテーマで議論を行った。合併の財政面での効果については、期待されたほどのものはなかったという意見や、合併しなかった自治体の参加者からは、「合併しなくてよかった」という声が多く聞かれた。市町村合併は、小規模町村の財政効率を向上させ、地域を豊かにするものではなかったのだろうか。

2　小規模自治体は非効率か

　産山村の人口は、2016年1月1日時点で、1598人となっている。また、歳出総額は約21億円である。歳出総額を人口で割ると、人口1人当たりの歳出額は、約132万円となる。この数字を熊本県内町村の中で最も人口の大きい菊陽町と比較してみよう。菊陽町は人口が5万513人であり、歳出総額は約135億円である。1人当たり歳出額は産山村のおよそ4分の1の約33万円である（**表 4-1**）。
　図 4-1にも示したように、人口規模の小さな自治体ほど1人当たり歳出額が大きくなるということはよく知られている。この事実は、平成の大合併の議論において合併推進の大きな根拠となった。すなわち、合併により規模を拡大することで、1人当たり歳出額を小さくすることができるということが暗黙の了

第1部 合併しなかった自治体の実際〜研究視点を中心に〜

解となっていたのである。仮に産山村が近隣の自治体と合併し、4万人程度の人口規模になったとして、1人当たり歳出額は33万円程度になることが期待できるのだろうか。

表4-1 熊本県内町村の人口・面積・歳出額

	人口（人）	面積（k㎡）	人口密度（人/k㎡）	歳出総額（千円）	1人当たり歳出額（千円）
五木村	1,189	253	5	3,029,818	2,548
産山村	1,598	61	26	2,108,301	1,319
水上村	2,323	191	12	2,804,011	1,207
山江村	3,634	121	30	3,058,107	842
球磨村	3,981	208	19	3,984,788	1,001
湯前町	4,163	48	86	3,136,543	753
南小国町	4,265	116	37	3,713,686	871
相良村	4,705	95	50	3,307,955	703
津奈木町	4,863	34	143	3,285,155	676
玉東町	5,463	24	225	3,029,625	555
高森町	6,784	175	39	4,701,225	693
西原村	7,063	77	91	4,021,519	569
小国町	7,540	137	55	5,799,159	769
苓北町	7,732	68	114	5,440,504	704
嘉島町	9,227	17	554	4,449,098	482
多良木町	10,165	166	61	6,335,668	623
南関町	10,309	69	150	5,960,268	578
和水町	10,713	99	108	6,515,187	608
美里町	10,826	144	75	6,875,379	635
甲佐町	11,120	58	192	5,801,359	522
錦町	11,160	85	131	5,452,528	489
南阿蘇村	11,693	137	85	8,305,151	710
氷川町	12,493	33	374	6,416,392	514
あさぎり町	16,124	160	101	10,055,305	624
山都町	16,170	545	30	12,472,332	771
長洲町	16,432	19	846	5,998,165	365
御船町	17,719	99	179	6,874,825	388
芦北町	18,455	234	79	10,209,191	553
大津町	34,086	99	344	12,902,105	379

第 4 章　小規模自治体と財政効率（増田知也）

| 益城町 | 34,581 | 66 | 527 | 10,893,248 | 315 |
| 菊陽町 | 40,513 | 37 | 1,082 | 13,499,750 | 333 |

（出所）総務省［2017］をもとに著者作成

図4-1　熊本県内町村の人口と1人当たり歳出額

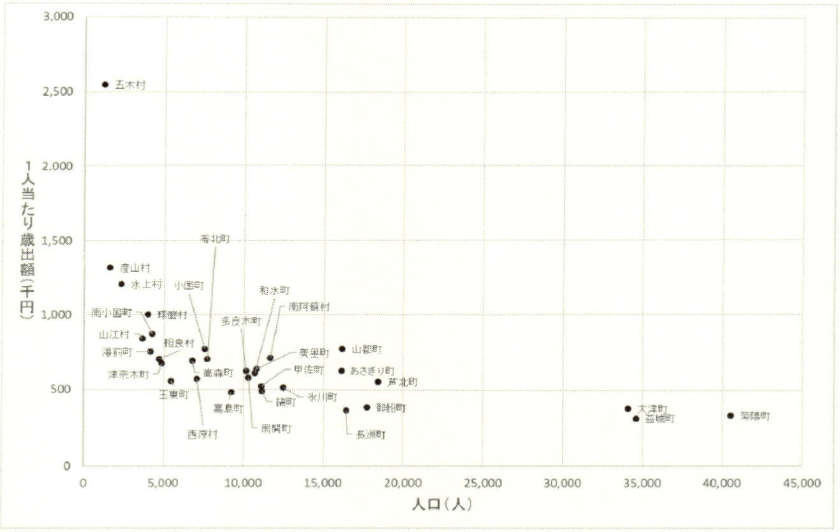

（出所）総務省［2017］をもとに著者作成

　ここで、見逃してはならない要素に、面積と人口密度がある。同等の人口規模である、長洲町と山都町を比較すると、1人当たり歳出額は2倍以上山都町が上回っていることが分かる。影響を与えていると思われるのが、両町の面積の違いである。長洲町の面積が19平方キロメートルなのに対して、山都町の面積は545平方キロメートルである。人口密度でみても、長洲町が1平方キロメートル当たり846人に対して、山都町は1平方キロメートル当たり30人である（**表4-1**）。このように、面積あるいは人口密度という要素が、1人当たり歳出額に影響を与えているであろうことは想像に難しくない。

　本章では、人口と歳出額の関係がどうなっているのか、また面積と人口密度がどの程度影響を与えているのかを議論した上で、産山村も含めた小規模自治

体が今後生き残るにはどうすれば良いかを考察する。なお、本章では難解さを避けるため、極力数式を使わずに図と言葉での説明を心がけた。より厳密な議論については、増田［2017］を参照してほしい。

3　適正規模論における小規模自治体

　人口と歳出額の関係について考察する前に、先行研究における適正規模へのアプローチとその問題点について整理しておきたい。なお、本章では適正規模として、財政効率を用いたものだけを取り上げている。実際には、適正規模を測る基準は財政効率だけではない。例えば、民主主義をより良く機能させるための適正規模というものも考えることができる。

（1）　適正規模をめぐる議論

　適正規模に関する代表的な研究としては、吉村の『最適都市規模と市町村合併』が挙げられる。吉村は、全国の市区および町村について、人口および面積と1人当たり歳出額との関係について計量分析を行っている。その結果、全国市区については、説明変数を人口とした場合には人口20.9万人、説明変数を人口および面積とした場合には27.1万人が、1人当たり歳出額が最小になる人口規模であることを示した。また、全国町村については、人口を説明変数として、153.7万人という数字を示している（吉村［1999］56～59ページ）。この数字は驚くべきものであり、町村が効率的な人口規模を達成するためには、ほとんど際限なく合併を繰り返すことが必要だということになってしまう。153.7万人というのは極端にしても、計量分析を用いた研究では、10～30万人程度を適正規模とする結論が導かれていることがほとんどである。

　このような研究に対しては、批判も多い。今井は、「仮に、中山間地域の自治体同士が合併して2倍になったところで、期待されるほどの効率化が得られるわけはない」（今井［2008］58ページ）と述べている。同様に、遠藤は「行政効率を人口の量的規模からみるのみで地域の『空間的』（=自然的、地理的、歴史

的概念等を総合した）視点を、そもそもまったく欠いた机上の行政効率論にすぎないという限界を持つ」(遠藤［2009］53ページ）と述べている。また、加茂は「自治体の規模や効率を規定する変数は人口だけではない。面積ひいては地形をも含めた人の移動やサービス供給における時間距離を無視して『行財政効率』など論じられるはずがないことは、中山間地や離島の自治体関係者からすれば当然のことである」(加茂［2003］34ページ）と述べている。これらの批判は、理論的あるいは実践的には正しいものと思われる。それどころか、とりわけ広大な面積を抱える小規模自治体が合併したとして、かえって弊害すら起こりうるのではないかとも考えられる。

（2） 量的アプローチの問題点

　適正規模に対する量的アプローチが、なぜ非現実的とも言える結論を導き出してしまうのだろうか。その問題の核心は、人口と1人当たり歳出額の関係を2次関数としてみていることにある。すなわち、人口と1人当たり歳出額の関係をグラフに描いた時、U字の関係が存在することを前提としている。実際のところ、人口と1人当たり歳出額の関係はU字を描いているように見える（**図4-2**)。ただし、これは対数目盛を取った際の姿であることに注意する必要がある。実際の人口と1人当たり歳出額の関係は、L字に近い形になる（**図4-3**)。このように、対数変換した上で2次関数として分析するというのは、あくまで便宜上のものであり、人口と歳出額との関係について何らかの理解をもたらすものではない。

　そして、小規模自治体を分析対象とする際に、大きな問題となるのが、面積の導入の仕方である。多くの先行研究では、1人当たり歳出額を従属変数としたモデルに、単純に総面積を独立変数として加えている。このような推定方法では、広大な面積を抱える小規模自治体ほど面積の影響が過小に見積もられてしまう。実際には、1人当たり歳出額に影響を与える要素は、総面積ではなく1人当たり面積である。

第1部　合併しなかった自治体の実際〜研究視点を中心に〜

図 4-2　人口と 1 人当たり歳出額の関係（対数表示）

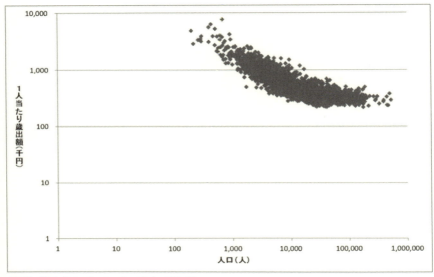

（出所）増田［2017］、91 ページ（一部改変）

図 4-3　人口と 1 人当たり歳出額の関係（真数表示）

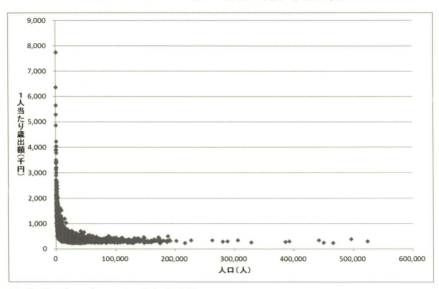

（出所）増田［2017］、90 ページ（一部改変）

4 人口・面積・歳出額の関係

(1) 人口と歳出総額の関係

このような問題を避けるためには、いきなり1人当たり歳出額を算定するのではなく、まず歳出総額を従属変数としたモデル化が必要である。図4-4は、人口と歳出総額の関係を示している。一見して分かる通り、人口と歳出総額との間には極めて強い直線的な関係が存在する。

この関係は、次のような数式で表現できる。

$$(歳出総額) = a \times (人口) + c$$

すなわち、歳出総額は人口に比例する費用と、固定費用からなるというわけ

図4-4 人口と歳出総額の関係

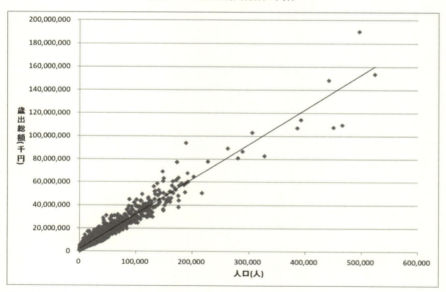

（出所）増田［2017］、92ページ（一部改変）

である。人口が多ければ多いほど、それに比例して行政の費用は増加することが考えられる。その一方で、組織を維持するために一定の費用は、人口にかかわりなく必要となるはずである。例を挙げれば、首長の給与などが固定費用に含まれると考えられる。このようなモデルを用いれば、人口と歳出額の間に働くメカニズムについて無理なく解釈することが可能である。

（2） 人口と1人当たり歳出額の関係

次に、先ほどの数式を1人当たり歳出額の式になおすためには、両辺を人口で割れば良い。

$$(1人当たり歳出額) = a + \frac{c}{(人口)}$$

この数式からは、なぜ小規模自治体の1人当たり歳出額が大きくなるのかをはっきりと読み取ることができる。すなわち、1人当たり歳出額を決定する要

図4-5　人口と1人当たり歳出額の関係を反比例として捉える

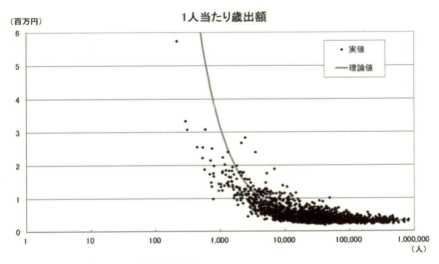

（出所）増田［2017］、85ページ（一部改変）

素として、固定費用を人口で割ったものが含まれるからである。言い換えれば、1人当たり歳出額には、人口に反比例する部分が含まれる。そのため、人口が小さければ小さいほど、1人当たりの固定費用の負担は重くのしかかってくることになる。このように、反比例を含むモデルによって、人口と1人当たり歳出額の関係を近似したのが、**図4-5**のグラフである。

　図を見ると、人口1万人辺りを境にして、それ以上人口が小さいと1人当たり歳出額は急激に増加していることが分かる。平成の大合併でも人口1万人以上というのが一つの基準となっていたが、人口の影響だけを考えれば、その基準にはもっともなところがあったといえる。

（3）　面積の影響

　ここまでの議論で、小規模町村の1人当たり歳出額が高額になる理由をある程度明らかにできた。問題は、面積の影響がどうなっているかである。単純なモデルとして、歳出総額には面積に比例する部分が含まれるというものを考えてみよう。面積が増えればそれに比例して、道路や河川の管理など、行政の費用が増大すると考えることは不自然ではない。このような関係は、次のような数式で表現できる。

$$\left(歳出総額\right) = a \times \left(人口\right) + b \times \left(面積\right) + c$$

　先ほどと同様、この数式の両辺を人口で割ることで、1人当たり歳出額の式に変形することができる。

$$\left(1人当たり歳出額\right) = a + b \times \frac{\left(面積\right)}{\left(人口\right)} + \frac{c}{\left(人口\right)}$$

　この式が正しいとすれば、1人当たり歳出額には1人当たり面積に比例する部分と、人口に反比例する部分が含まれるということになる。1人当たり面積に比例するということを逆に言えば、人口密度に反比例して1人当たり歳出額

図 4-6　面積の影響を除く人口と1人当たり歳出額の関係

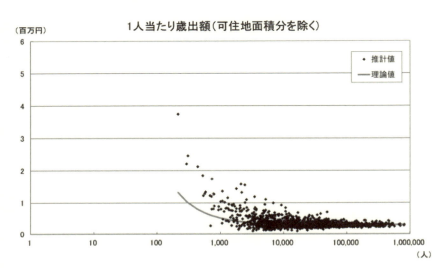

（出所）増田［2017］、86ページ（一部改変）

は増大するということになる。このようなモデルを用いることで、人口と面積と歳出額の間に存在する関係について、すっきりと説明することができる。

　面積の影響を導入した場合に、小規模自治体の1人当たり歳出額の問題についてはどのように考えることができるだろうか。**図4-6**は、面積の影響を取り除いた上で、人口と1人当たり歳出額の関係を改めて示したものである[1]。

　このグラフを見れば、産山村の約1600人という人口も、取り立てて非効率すぎるということもないといえるだろう。小規模自治体において、1人当たり歳出額が高額になっていた理由には、1人当たり面積が広大になるということが多分に影響を与えていたということが分かる。

1　ただし、グラフは可住地面積を用いたものである。

5 成長モデルと合併モデル

　ここまでの議論を踏まえれば、結局のところ小規模自治体が財政効率を向上させるためには、人口を増やすことが必要だという結論になる。しかしながら、同じ人口が増えるといっても、人口が自然増する場合（成長モデル）と、合併によって人口が増える場合（合併モデル）では面積の影響の仕方に大きな違いがある。

（1）　成長モデルと1人当たり歳出額

　まず、人口の自然増の場合を考えよう。**図4-7**の四角形を自治体、スマイルマークを住民とする。図の左側の状態から、図の右側の状態に移行すると、面積はそのままに人口が2倍になっている。この時、1人当たり固定費用と1人当たり面積はともに小さくなる（人口密度は増加）。その結果として、1人当たり歳出額を大きく削減することが可能になる。小規模自治体が財政効率を向上させる上で最も効果的なものは、人口の自然増である。

図4-7　成長モデルにおける人口密度の変化

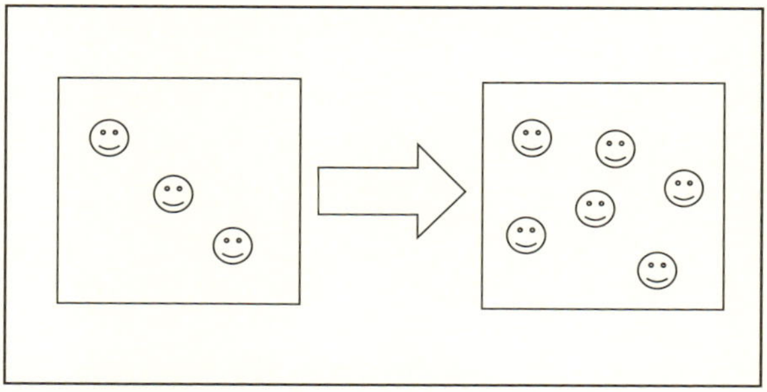

（出所）著者作成

（2）　合併モデルにおける適正規模

　それに対して、合併によって人口を増やす場合はどうであろうか。**図4-8**では、二つの自治体が合併して一つになるという場面を示している。先ほどと同様、人口は2倍になっている一方で、面積も2倍になっている。合併によって人口

を増やす場合、当然のことながら面積も連動して増えてしまうのである。そのため、1人当たり固定費用は小さくなる一方で、1人当たり面積は横ばいとなる（人口密度は変化しない）。人口が自然増する場合に比べて、市町村合併が小規模自治体の財政効率を向上させる効果は限定的だと言わざるを得ない。

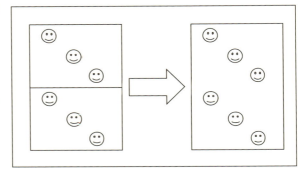

図4-8　合併モデルにおける人口密度の変化

（出所）著者作成

（3）　人口密度と適正規模

合併によって人口を増やした場合に、もう一つの問題を想定することができる。それは、合併に伴って面積が広大になりすぎると、かえって弊害が生まれるのではないかということである。すなわち、面積が広くなればなるほど、住民一人一人にサービスを届けるための費用が発生する可能性がある[2]。このような観点からは、数式を次のように拡張することができる。

$$(1人当たり歳出額) = a + b \cdot \frac{(面積)}{(人口)} + \frac{c}{(人口)} + d \cdot \sqrt{(面積)}$$

このモデルを用いて、人口密度ごとに人口と1人当たり歳出額の関係を示したものが、**図4-9**である。合併による人口増加を前提としているため、人口密度が一定のまま人口が増えるという前提に立っている。

この結果を見れば、先行研究で示されていたような、人口10万人や100万

2　それぞれ、四角形の中心に役場があることを想定した時に、住民までの平均距離は、面積が大きくなるに従って増加する。なお、この距離は面積の平方根に比例する。

図4-9 人口密度ごとにみた人口と1人当たり歳出額の関係

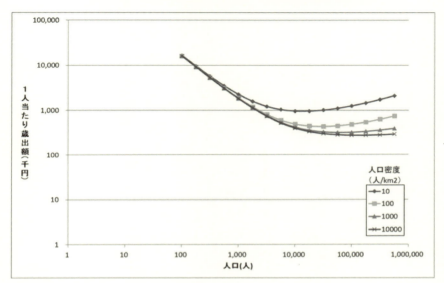

(出所) 増田［2017］、105ページ（一部改変）

人が適正規模であるという主張は、人口密度が1000人を超えるような自治体にしか当てはまらないということが分かる。産山村の人口密度は1平方キロメートル当たり26人であるので、合併したとしてもその効果は小さく、面積が広がりすぎるとかえって弊害が表れてくる可能性がある。それに対して、比較対象とした菊陽町の人口密度は1平方キロメートル当たり1082人となっており、ちょうど図4-9においては下から2本目の曲線に相当する。この程度の人口密度があれば、相当大規模な合併をしたとしても効果が発揮されやすい。また1人当たり歳出額自体も低く抑えることができるというのは冒頭にみた通りである。

6　小規模自治体の生きる道

人口が小さい自治体ほど、1人当たり歳出額が大きくなる、つまりコストがかさむことは確かである。しかし、そのことから直ちに、合併すれば1人当た

り歳出額を抑えることができるということはいえない。

　それでは、産山村のような小規模自治体の未来をどのように考えれば良いだろうか。先に述べたように、最も効果的なことは、合併によらずに人口を増やすことである。実際のところ、「地方創生」政策の流れの中で、多くの小規模自治体が移住者・定住者の増加に取り組んでいる。しかしながら、国全体として人口減少に向かう今日においては、極めて困難な課題であるというのが現実である。

　進むべき方向性を見出すためには、財政効率に関する議論から一歩踏み出す必要がある。本章の議論では、住民を人口という独立変数の一つとして取り扱ってきた。しかし、実際の住民はただの数字ではない。一人一人違った個性を持った人間なのである。また、住民を「行政サービスの受け手」すなわち顧客とみる視点においても、現状を打破することは難しそうである。よりよいサービスを実現するためには、結局合併が必要だという結論になるか、よりよいサービスを求めて都市への移動を促す結果となるかもしれない。

　ここで重要な視点は、自治を担う地域の主体として住民を捉えることである。財政効率のために住民がいるのではない。どのような範囲にどのような権限を持った政府を作り、財政的制約の下でどのような政策を実施するか、それを決めるのは原理的には地域の主体である住民なのである。地域に愛着を持ち、自らの力で地域の未来を担おうとする住民たちの力を結集することが、小規模町村の生きる道であると考える。

（参考文献）

今井照 (2008)『「平成大合併」の政治学』公人社。

遠藤宏一 (2009)『現代自治体政策論：地方制度再編下の地域経営』ミネルヴァ書房。

加茂利男 (2003)「『平成市町村合併』の推進過程：政策論理・推進手法・政治力学」『都市問題』第 94 巻第 2 号、25-40 ページ。

総務省 (2017)『平成 27 年度市町村別決算状況調』

増田知也 (2017)『平成の大合併と財政効率：市町村の適正規模は存在するか？』金壽堂出版。

吉村弘 (1999)『最適都市規模と市町村合併』東洋経済新報社。

第5章　住民自治主導の地方自治

～地域内分権と地域運営組織～

杉岡　秀紀（福知山公立大学地域経営学部准教授）

1　シンポジウムでの議論を受けて

（1）産山村とスモールビレッジ5原則

　筆者は産山村でのシンポジウム（図5-1）において、産山村出身で村から離れず商いを営む方、村にUターンし、若手を中心にむらおこしのグループ活動に精を出す方、Iターンで村にやってきて農業を営む方などが集うグループに入り、村の現状や課題について話し合った。詳細は拙稿に譲るが、合意を得られたのは「小さくても良いから持続可能な生活と地域づくりのための組織やスモールビジネスの視点が必要」ということであった。そして、そのために、①現状と将来を把握する、②外部の視点と専門家の知見を活用する、③これまであまり聞いていなかった層に耳を傾ける、④ごちゃまぜのコミュニティをつくる、⑤小さくも経営視点、事業視点をもった組織をつくるとい

図5-1　当日の様子

（出所）筆者撮影

うのが持続可能なスモールビレッジのために必要な視点ではないか、という5原則を確認した（杉岡［2017］10 ページ）。

（2）本章のねらい

　本書は「合併しなかった自治体」をテーマとする書であるが、ここではあえて合併自治体であっても、合併前のコミュニティ単位、具体的には小中学区単位で先述の5原則を展開している地域運営組織に焦点を当てる。その考察から合併・非合併に関わらず、自治体においてこれからの人口減少時代における持続可能な地域に必要なエッセンスは、住民自治主導の地方自治であることを導出する。

2　自治体減少と地方創生

（1）増田レポートと地方創生

　周知の通り、平成の大合併により 3232 あったわが国の地方自治体は半減し、現在 1718 となっている。また、2013 年末から 2014 年 6 月にかけて発表された増田寛也元総務相、人口問題研究会及び日本創成会議の人口減少問題検討分科会[1]による一連の報告（以下、増田レポート）によれば、合併によらずとも、人口減少だけで 2040 年にはさらに 896 減り（消滅可能性都市）、現行の半分程度になる可能性があるという（増田［2014］29 ページ）。

　他方、この増田レポートについては、「人口一万人以下の場合、なぜ「消滅可能性」が「消滅」に変わるのか説明されていない」、「若者の農山村移住志向・田園回帰をまったく考慮していない」といった指摘がある（大江［2015］4 ページ）。

1　増田寛也（東京大学大学院客員教授 / 座長）、岡本保（野村資本市場研究所顧問）、加藤久和（明治大学教授）、齋藤英和（国立成育医療研究センター副周産期・母性診療センター長）、白波瀬佐和子（東京大学大学院教授）、橘・フクシマ・咲江（G & S Global Advisor Inc. 社長）、丹呉泰健（前内閣官房参与）、樋口美雄（慶應義塾大学教授）、平田竹男（内閣官房参与）、森地茂（政策研究大学院大学特別教授）という構成員（敬称略）。

また「そもそも「少子化」も「地域再生」も増田レポートで指摘されるまでもなく、それ以前から政府の重要課題であり新味はない」（小田切［2014］6ページ）、「ショックが強すぎれば不安や恐怖を煽り、かえって社会を解体させることにもつながる」（山下［2014］17ページ）、とレポートそのものの価値を問う指摘も続いた。しかし、そうした批判もよそに、政府はこの増田レポートを受け、2014年9月には内閣総理大臣を本部長とし、全閣僚で構成される「まち・ひと・しごと創生本部」を設置し、同年11月には「まち・ひと・しごと創生法」を公布・施行した。また、同年12月には「まち・ひと・しごと創生長期ビジョン」及び「まち・ひと・しごと創生総合戦略」を閣議決定した。このあまりにも矢継ぎ早やに政策が展開されたことを勘ぐり、このレポートについては永田町や霞ヶ関の諸制度の急進的リセットのための「魔法の杖」に使われたのではないか、との声まで上がった。加えて、この総合戦略は、「国」が地方版のまち・ひと・しごと総合戦略及び人口ビジョンの策定を政府の枠組みで地方自治体に迫り、そのよしあしの判断から交付金の決定までも「国」が行うスキームとなっている。これは明らかに自治・分権の流れに逆行する組み立て方であり、実際、「国の事業メニューに従えば、自治体のまちづくりはほぼ確実に失敗する」（金井［2015］、48ページ）、「地方創生は（中略）地域間格差是正ではなく、地方消滅・地方早逝の煙幕として、地方中枢拠点を重視している素振りをしているだけ」（同掲、191ページ）との辛辣な指摘が相次いだ。NHKが2016年6月に政府が先進的と紹介する75事業を調査したところ、目標達成をしたのはわずか28事業、すなわち4割に満たなかったということもその証左であろう（木下［2016］1ページ）。

（2）人口減少と地方自治

とはいえ、人口減少により、今後の地域をめぐって様々な限界性が出てくるのは事実である。たとえば、国立社会保障・人口問題研究所の将来人口推計（中位推計—合計特殊出生率1.35）によれば、2060年のわが国の人口は8,808万人と現行の3部の2程度になることが分かっている（国立社会保障・人口問題研究所［2017］）。

第1部　合併しなかった自治体の実際〜研究視点を中心に〜

　人口約400人の高知県大川村では、2019年の選挙では現行6人の議員の確保のめどが立たないことを理由に、地方自治法第94条に基づき、村議会をおかず村民総会で今後地方自治を進めていくことを検討しているとの報道があった（日本経済新聞［2017］）。実際には議会を解散しないことが決定したが、今後もこうした議論は少なくない自治体で検討することになるだろう。
　このことは何を意味するのだろうか。これは大げさに言えば、憲法が保障する二元代表制そのものが成り立たなくなる時代の到来を示唆するのではないだろうか。ポジティブに捉えれば地方自治における直接民主制、全住民による市民参加の可能性とも捉えられないことないが、いずれにしても「民主主義の学校」とも評されてきた地方自治のあり方そのものや持続可能性を問う時代が到来していると言える。

3　住民自治と団体自治

（1）憲法と地方自治

　周知のとおり、地方自治は憲法（第8章）において規定され、とりわけ第92条[2]で謳われている「地方自治の本旨」をめぐっては、これまでも様々な議論や解釈がなされてきた。平成の大合併の前夜を振り返ってみたとしても、たとえば政府の第27次政府地方制度調査会の『今後の地方自治制度のあり方に関する答申（2003年11月13日）』などでは、「『地方自治優先の原則』をこれまで以上に実現していくこと」「団体ばかりでなく、住民自治が重視されなければならない」等の指摘はあるものの、団体自治と住民自治の両者の関係性について明確な位置づけはなされなかった（今川［2014］1ページ）。
　他方、こんにち政治や言論の世界では、この地方自治の本音をめぐる議論が喧しくなってきている。たとえば、現政権与党である自民党（憲法改正推進本部）の改憲草案では、「地方自治は、住民の参画を基本とし、住民に身近な行政を自

2　「地方公共団体の組織及び運営に関する事項は、地方自治の本旨に基づいてこれを定める」

主的、自立的かつ総合的に実施することを旨として行う」と今まで曖昧であった地方自治の本旨の定義を明らかにした[3]。また、近年の憲法改正の議論を受け、『君たちは憲法第8章を読んだか』というタイトルの出版物が発刊された。是非はともかくとして、ここでは「憲法改正するならまずは地方自治を定める第8章からしてはどうか」というストレートな提案がなされているのは印象深い（大前［2016］）。

（2）住民自治と団体自治

とはいえ、こうした議論はいずれも「地方自治の本旨とは、住民自治と団体自治の両輪である（べき）」との前提がある。この固定化された通説に対して、たとえば住民参加研究の先駆けである佐藤竺は「通説は、これを、一方で中央と地方との新しい協力関係であるとしながら、他方で旧憲法下の解釈をそのまま踏襲して、ドイツ法的な『団体自治』と『住民自治』との結合ととらえる。だが、この両者は本来相いれないものであり、そこに官治集権化への復活の根拠が生まれるのである」と1960年代より疑問を呈してきた（佐藤［1965］2～3ページ）。また、佐藤竺の弟子にあたる今川晃は、「私たちは、私たち自身で解決できない問題を無条件に外部の機関等に託している訳ではない。必要に応じて、私たち自身がコントロールできる手段が保障されていることが必要となる。もちろん、私たち個々人は多様な特性を有している。とりわけ、障がい者、高齢者、子ども、生活困窮者等のいわゆる社会的弱者の人々が、自らの意思で自己に対しても、外部に対しても、コントロールできるような社会環境や制度上の整備は不可欠である。以上のような視点に立てば、住民自治が団地自治を規定すると考えるのが自然である」とこれまでの通説を覆す問題提起をした（今川［2014］2ページ）。すなわち、地方自治の大原則である近接性の原則と補完性の原則に基づけば、自治の主人公・主役であり、担い手である住民による自治がまず大前提と

---

3 Q&Aにおいて「従来、「地方自治の本旨」という文言が無定義で用いられていたため、この条文において明確化を図りました」とある（自民党、2012:29ページ）。

してあり(自助・互助・共助)、そこで満たせない部分が出てきて初めて団体自治(公助)が起動すべき、との主張である。この問題提起は平成の大合併しかり、昨今の地方創生しかり、分権時代にも関わらず、今だに中央集権の色が濃い政策が散見されるこんにちだからこそ本質的な問いと言えるだろう。

そして、その議論の突破口になる可能性を帯びているのが、本稿で着目する地域運営組織である。結論を先取れば、現在広がりを見せる地域運営組織の多くは、いわゆる地域内分権の一例であるが、平成の大合併を総括する観点から言うならば、広がったガバメントとコミュニティの距離を住民自治サイドから縮めようとする動きとも見ることができよう。そして、こうした動きこそが合併の有無に関わらず必要な視点であり、住民自治が団体自治を規定する地方自治、すなわち人口減少時代に求められる持続可能な住民自治主導の地方自治の姿であると筆者は考える。

4　地域運営組織と小さな自治

(1) 地域運営組織とは何か

地域運営組織とは、中山間地域等における「小さな拠点」[4] 形成のために、地域住民の生活の質を向上させていくため、地域住民が自らの必要性に基づいてつくる組織のことである。こうした組織は、決して新しい概念ではなく、名称はともかく、平成の合併前後から多くの自治体内で組織されてきた。しかし、地方創生の時代の流れも受け改めてその存在意義に注目が集まり、量的拡大と質的向上が検討されるに至っている。具体的には、2016年3月に地方創生担当大臣の下に「地域の課題解決のための地域運営組織に関する有識者会議(座長：小田切徳美・明治大学農学部教授)」が立ち上げられ、10ヶ月に渡る議論が展開され、同年12月最終報告がまとめられた。同会議がまとめた最終報告による

4　政府の総合戦略(2016改訂版)において、わが国は「小さな拠点」を1000箇所、地域運営組織を3000団体形成することを目標とされた。現在は494市町村において1680団体確認されている。

と、地域運営組織の基本的要素は、①行政上の組織ではなく、法的には私的組織に属する、②経済活動を含む地域の共同活動を行う、③一定の区域を基礎とした組織である、と整理されている（地域の課題解決のための地域運営組織に関する有識者会議、2016）。また、地域運営組織の取り組みを推進していく上での課題と解決方策として、①法人化の推進、②人材の育成・確保、③資金の確保、④事業実施のノウハウ、⑤行政の役割、中間支援組織や多様な組織との連携、⑥都市部における取り組みの6つのポイントも示された。

なお、近年は「小規模多機能自治」という名称での動きも全国に広がっており、その数も300に迫る勢いである[5]。小規模多機能自治とは、同推進ネットワーク会議の会則によれば、「自治会・町内会・区などの基礎的コミュニティの範域より広範囲の概ね小学校区などの範域において、その区域内に住み、または活動する個人、地縁型・属性型・目的型などあらゆる団体等により構成された地域共同体が、地域実情および地域課題に応じて住民の福祉を増進するために取り組みを行う」と定義されている。したがって、本稿ではこれ以上詳述しないが、国主導か地方主導かの差こそあれ、地域運営組織の基本属性と小規模多機能自治のそれはかなり親和性が高いと言えよう。

（2）地域運営組織と地域自治組織

ところで、地域運営組織に非常に似た名称で「地域自治組織」というものがある。これは平成の大合併の際に、基礎自治体の規模拡大に対応するために、合併の鍵となった「西尾私案」[6]から生まれた制度である。具体的には「基礎自治体内の一定の区域を単位とし、住民自治の強化や行政と住民との協働の推進などを目的とする組織」のことである。具体的には、改正地方自治法、新合併特例法、改正合併特例法の合併三法で盛り込まれた私的ではなく法的な行政組

5　2017年8月30日現在で、会員は自治体232、団体27、個人11ということで合計270となっている。

6　西尾勝氏のねらいは、基礎自治体と自治会町内会の中間に住民の発意で下層自治体を創設することにあった。

織である。しかし、今井照が、この地域自治組織については、①小中学校から現行市町村エリアに至るまで「地域」イメージを拡張拡散するものである、②住民が「当然に」帰属するものと想定されている、③地域自治組織を基礎自治体の「内部組織」と位置づけざるを得ず、それを内包する基礎自治体の性格が「包括的な基礎自治体」となり内部矛盾を起こしてしまう、と指摘したように当初から課題山積であった（今井［2008］、130ページ）。その結果、平成の大合併で1000を超える自治体が合併したにも関わらず、合併のピーク後の2006年現在でこの地域自治組織を導入した自治体は「59」[7]に留まり、結論から言えばあまり機能しなかった。

このある意味での「政策の失敗」を受け、こんにち非行政組織、すなわち住民主導の組織として注目されるようになったのが、地域運営組織と言える。ただし、当然のことながら、地域運営組織を導入すれば、住民自治が全て自然発生的に起動するわけではない。というのは、ポイントは行政と地域の距離であり、「合併は（中略）両者間の連携・対話プロセスを低下させたことによって地域に「下請け」感や「蚊帳の外」感が生まれ、自治体運営の担い手としての地域のモチベーションを後退させた」（役重［2016］、6ページ）との指摘があるように、本来行政サービスの「受け手」ではなく、自治の「担い手」たる住民が、「下請け化」しただけという事例も多いためである。

そこで、以下では、実際のヒアリングの中で「下請け」ではなく、主体的かつ主導的に運営をしている2つのタイプの違う地域運営組織を考察し、その事例から住民自治主導の地方自治に必要なエッセンスを抽出することとしたい。

5　事例研究

ここでは合併自治体であるものの、合併前のコミュニティ単位で活動を展開している2つの地域運営組織の事例を取り上げる。この2事例を選定した理由

7　地域自治区が15、合併特例の地域自治区が38、合併特例区が6という内訳。

は3つある。1つは2事例とも一定年数の活動実績があり、検証に相応しい事例と考えられたためである。また、両事例ともメディア等で取り上げられことも多いことも加味した[8]。2つは両事例とも合併前の旧町単位での取り組みであることは言うに及ばず、南丹市の事例は小学校区単位の取り組み、福知山市の事例は中学校区であり、これらを相互比較することにより今後の適正なコミュニティ活動の単位を検討する1つの素材となり得と考えたからである。3つは冒頭で述べた産山村の分科会で確認されたスモールビレッジのための5原則が両事例とも基本的に当てはまる事例だからである。

(1) 南丹市「鶴ヶ岡振興会」[9]

南丹市(人口32478人。2017年7月1日現在)は、2006年に園部町、八木町、日吉町、美山町の4町が合併したまちである。主な地域資源としては、るり渓、芦生原生林に代表される自然環境、水菜や壬生菜、九条ねぎ、黒大豆、紫ずきんなどのブランド京野菜、美山町牛乳などの付加価値の高い食、京都医療科学大学、京都美術工芸大学、明治国際医療大学、京都建築大学校、公立南丹看護専門学校などの高等教育機関がある。また、日本の原風景が残る美山のかやぶき民家群は近年台湾からの観光客が急増し、インバウンド観光にもつながっている。その中でも本稿で注目するのは、旧美山町の鶴ヶ岡地区で立ち上がった鶴ヶ岡振興会である。ちなみに美旧山町は1955年の昭和の大合併の際に知井村、平屋村、宮島村、鶴ヶ岡村、大野村の5村が合併したまちであり、この旧村単位それぞれで振興会が立ち上がっている。

その旧5村のうちの一つである鶴ヶ岡地区は77.67km²の広さで、1958年の2274人をピークに人口が減少し始め、2015年では766人となっている。高齢率も40.89パーセントを超え、限界集落とまではいかないが、かなり高齢化が

---

8 たとえば、南丹市の事例は、地域活性化センター(2017)の『地域づくり 平成28年度地域活性化ガイドブック〜小さな拠点＋ネットワークによる地域活性化』の先進事例として紹介されている。
9 2017年6月9日に鶴ケ岡振興会会長の下田敏晴会長にヒアリング調査。

進んだ過疎地域と言える。鶴ヶ岡振興会が設立されたのは2001年、平成の大合併の議論より前のことである。そのきっかけは1997年のJA店舗の閉鎖問題であった。JAの周りには小学校、郵便局、診療所、警察など生活に必要な機能が集中していることもあり、地域の核となる施設がなくなった衝撃は大きく、「住民が立ち上がり、地域住民の買い物をどうするか」、また「このJAの跡地をどうするか」、という議論が巻き起こった。その結果、1999年に「日本一の田舎づくり、村おこし」をスローガンに、住民出資で（有）たなせん[10]が設立され、①購買部（農協機能の継承）、②農事部（集落支援・農地活用）、③福祉部（配食サービス・サロン手伝い）の3部門を備えた地域の拠点施設が完成した[11]。そして、こうした動きを展開しているなかで、むらおこし推進委員会、公民館、自治会など地域の様々な住民自治を束ねる組織の必要性が生じ、2001年に設立されたのが鶴ヶ岡振興会である。結論を急げば、このニーズに基づいて設立された点に組織の正統性を見ることができるし、組織ありきでない誕生のプロセスが注目に値する。

　鶴ヶ岡振興会の年間予算は約300万円であり、1戸あたり月会費400円と市補助金150万円で賄っている。部会は、企画委員会の下に「企画総務部」「地域振興部」「生涯学習部」の3つの部が設置されている。事務局については、設立当初は市から派遣職員を受け入れ、振興会と役所をつなぐ役割を担ってもらっていたようだが今は専任（嘱託職員）だけで運営している。2013年には国土交通省の「小さな拠点モデル地域」に選定され、その財源で全住民アンケートを行っている。下田会長によれば、このアンケートの結果からまちにどのような課題があり、地域住民が何に困っているのか、翻って振興会が何をすべきなのかを見出したという。その象徴的事業が電気自動車を活用した移送サービスである。また、最近ではヤマハと連携してゴルフカートによる近距離移送サービスも始まってい

10　たなせんの由来はたなの川の「たな」、諏訪神社の15年に一回の祭りに「千（せん）両」かかるという逸話から。
11　たなせんのモデルは、京丹後市大宮地区にある「つねよし百貨店」を参考にしたという。

る。何より圧巻なのは 2015 年に住民間で議論を重ね、自主的に策定された「鶴ヶ岡振興計画」を自主的に策定したことである。このいわば「地域版総合計画」では、「誰もが鶴ヶ岡地域に住み続けたいと思える地域づくり」というスローガンのもと、①にぎわいの地域づくり（人口を増やす）、②やすらぐ地域づくり（住み続けられるまちづくり）、③かがやく地域づくり（地域の所得を増やす）、④うるおう地域づくり（美しい景観・環境を守り育てる）、⑤つながる地域づくり（みんなが関わるまちづくり）の 5 つの方針が謳われた。この計画は市（行政）が作ったものではなく、また義務的に作ったものでもない。だからこそ住民全員が認知し、これをもとに日々の活動が行われている。まさしくこれこそが住民自治主導による地方自治の現れと言ってよいだろう。

　その他、地域の若手住民が「ムラガーレ食堂」という朝市プロジェクトを始めたり、小学校の跡地を活用して様々な生涯学習の講座を開設したり、と振興会以外の自主的な動きも見られるようになってきている。また、京都市内の小学生の体験実習のフィールドとして、まちぐるみで受け入れたり、京都府職員を里の公共員として受け入れたり、デンソーからの提案でタブレットによる福祉事業やコミュニティビジネス事業の検討も始まったりと、近年は外部からの提案による協働事業も増えている。

　本事例から抽出されるエッセンスは以下の 3 点である。1 点目は、「圧倒的な自主性」である。たなせん、振興会、振興計画、すべてに共通するが、鶴ヶ岡にいまある仕組みは、行政から言われて構築したのではなく、住民が主導して動き、仕組み化したものばかりである。この点が約 20 年間活動が続く原動力にもなっていると推察される。2 点目は、「役員の強力なリーダーシップと緩やかな巻き込み力」である。当然のことながら、こうした住民主導の動きは下田会長はじめ役員の強力なリーダーシップなしにはここまでの展開に至らなかった。また、たとえ専業化したとしても、継続しなかっただろう。しかし、鶴ヶ岡において近年若手が多く活躍するに至ったのはおそらく強いリーダーシップだけではなく、むしろ「緩やかな巻き込み力」が介在したからではないだろうか。社会学者のグラノベッターが言う「weak tie（弱い絆）」の存在である。この一

見すると相反する強さと弱さが有機的に共存しているところに鶴ヶ岡のコミュニティの特徴を見出すことができる。3点目は「外部団体との連携及び外部資金の獲得力」である。外部団体には、自治体（南丹市）だけでなく、国（国土交通省）、都道府県（京都府）などの行政、ヤマハ、デンソーなどの民間企業、そして、

図5-2　鶴ヶ岡振興会の様子

（出所）筆者撮影

他の振興会や京都市内の小学生に至るまで、実に多様かつ重層的に外部組織が含まれる。確かに地域資源は限られている。しかし、鶴ヶ岡では、外部と積極的かつ有機的に連携することで、地域には日頃ない人的あるいは財政的資源を調達している。むしろ「使い倒す」くらいの勢いである。当然のことながら、鶴ヶ岡でも今後人口そのものは減少することは避けられない。しかし、交流人口を増やすことで将来的にIターンやUターンによる社会増につながる可能性に拡げている。ここに地域の持続可能性を見出せよう。

（2）福知山市「三和地域協議会」[12]

　福知山市（人口79166人（2017年7月末現在））は、1937年に京都で2番目に市として誕生したまちで、それ以来、数度の合併を繰り返してきた。そして、大きな災害[13]により平成の大合併のピークから1年遅れたものの、2006年1月1日に、旧福知山市、三和町、夜久野町、大江町の1市3町が合併し、新しい「福知山市」としてスタートを切った。主な地域資源としては、一級河川の由良川、鬼伝説も残る大江山連峰、伊勢神宮とも関係の深い元伊勢三社、市民の寄附に

12　2016年11月25日に三和地域協議会の岡部成幸事務局長にヒアリング調査。
13　台風23号により半壊5戸、床上浸水324戸、床下浸水406戸、河川被害143カ所、田畑被災678ヶ所、道路被害86カ所という被害が出た。

より再建された福知山城、万願寺あまとうやたけのこなどがある。最近はスイーツのまちや肉のまちを標榜しているほか、合計特殊出生率が1.96と、京都府内1位、全国9位を誇り、子育てしやすいまちも自認している。

　本稿で注目するのは、旧町のうちの1つ、旧三和町（以下、三和）で立ち上がった「三和地域協議会（会長：大槻昭則）」という地域運営組織である。旧三和町は90.53㎢の広さで、1955年の昭和の大合併の際に、菟原村、細見村、川合村の三村が合併し、誕生した。人口は平成の合併時こそ約4400人いたものの、現在は4000人を割り込み3424人（2015年国勢調査確定値）、高齢化率は43％と、いわゆる典型的な過疎地域となっている。しかし、京都縦貫自動車の開通もあり、京阪神から1時間半程度でアクセスできるようになり、災害や雪害が少ないという特性も手伝って、近年はアネックス京都三和という工業団地への立地も増え、IUJターンも少しずつ増加してきている。

　そんな三和でいわゆる地域運営組織が立ち上がるきっかけになったのは、福知山市の第四次総合計画（2008～2015年度）において「市民協働でつくるコミュニティ豊かな自立したまち」という方針が示されたことである。この方針に基づき、2009年に市民協働まちづくり研修会、2010年に市民協働まちづくり検討会、2011年に市民協働推進会議が開催され、約40人の熱意ある市民の有志により、自治基本条例[14]やそれを支える地域運営組織の必要性が市に提言された（杉岡［2014］、22～28ページ）。そして、この提言を受け2013年4月に市長（当時）から「支所のありかた全体を見直す」とのビジョンが示された。本来であれば、この内容だけであれば行政機構の改革の話で完結することとなるだろう。しかし、三和では地域活動に熱心な若手住民などを中心に、市長の指示を単なる支所の制度・業務改革に留まらず、市民協働による地域自治の再編の議論へと昇華させることとした。具体的には、同年10月に「みわまちづくり会議」を、翌年には「三和地域協議会設立準備会」を発足させた。そして、

14　福知山市自治基本条例は2017年の3月議会において賛成多数で可決され、2018年4月1日から施行される。

その準備会において「住民が地域の課題を自らが考え、行政などとの協働をもとに解決していく仕組みが必要である」との合意へと導いたのである。かくして2015年4月に福知山市内では初となる地域運営組織である「三和地域協議会」が誕生した（岡部［2017］53〜55ページ）。

　三和地域協議会では、「基礎生活圏としての"みわ"を守る」の基本理念と、①行政の下請け機関にはならない、②住民要求の単なるとりまとめ機関にはならない、③行政と対等に協働する、④地域政策にコミットする、の4つのスローガンのもと、現在「地域活力部会」「生活基盤部会」「定住促進・情報発信部会」の3部会が活動をしている。「地域活力部会」では、こどもまつりやふれあいカフェ（週一回）の開催や三和音頭の復活への取組みを実施し、「生活基盤部会」では、老人会・PTA・子ども会・消防団・民生児童委員と連携し、とりわけバスや交通空白地問題など公共交通問題に取組み、2017年10月からは、「公共交通空白地有償運送事業」を実施している。また、2017年度からは「地域コミュニティ（自治会を含む）の維持存続」についての調査研究にも取り組んでいる。ちなみに協議会の事務所がある千東地区周辺には、支所・地域公民館・図書館分館・小中学校などの公共施設、農協支所・コンビニ・スーパー・地元信用金庫・郵便局・銀行ATM・診療所・歯科診療所・高齢者福祉施設など生活関連施設、その他温泉機能も備えた宿泊交流施設などが集積している。「定住促進・情報発信部会」では、三和地域への移住交流会の実施や移住モデル地区設定など移住・定住者への支援や移住者ネットワークの構築、空き家情報の発掘、協議会のHPの発信などを行なっている。その他、2016年度は学校統廃合問題が立ち上がり、「学校統合問題検討部会」が設置され、2年後の

図5-3　三和地域協議会の様子

（出所）筆者撮影

2019年度には小中一貫校「三和学園」が誕生する運びとなった。

　本事例から抽出されるエッセンスは以下の3点である。1点目は平成の大合併以降も「自分たちの地域のことは自分たちで考え、決める」という原則の下、旧町単位、(中学校区単位)で住民自治を包括する組織を立ち上げたことである。特に他事例では小学校区で組織するところも多い中、三和では躊躇することなく中学校区単位とした。このことにより結果として、旧町としてのシビックプライドやコミュニティ意識が再び高まったと推察される。2点目は地域無線放送録音(約1700世帯の90％以上が加入)や自治会長会事務局、観光協会支部事務局など最低限の受託事業はあるものの、いわゆる支所業務や自治体業務などを漫然と受けない姿勢を貫いたことである。事実、事務局長を務める岡部成幸は講演会や勉強会などあらゆる場で「地域にとって必要な組織にしていく。行政に都合の良い組織にしない」と強調している。言うまでもなく、これは横浜コード[15]とも言われるまさに協働原則にも適う考え方であり、今後の地域には必要不可欠な視点であろう。3点目は、役員へのいわゆる「あて職」を廃し、適材適所にこだわったことである。現在、三和地域協議会は地域内の38団体を会員とし、非常勤役員12人、事務職常勤職員3人という体制で意思決定を行っているが、「あて職」は三和町自治会長会会長が自動的に協議会の副会長となるのみである。協議会を単なる協議体ではなく、実効性を持った行動体にするためにはこうした適材適所による体制づくりが欠かせないということであろう。

(3) 比較考察

　最後に鶴ヶ岡振興会と三和地域協議会を比較考察し、その共通点を整理することで、今後の人口減少社会における合併しなかった自治体の持続可能な地域づくりへの示唆を導出したい。

　今回取り上げた2事例の共通点は以下3点ある。1点目は、**表5-1**のとおり、

15　①対等の原則、②自主性尊重の原則、③自立化の原則、④相互理解の原則、⑤目的の共有の原則、⑥公開の原則の6原則。

第1部　合併しなかった自治体の実際〜研究視点を中心に〜

両者とも合併したまちであるが、「いずれも合併前の旧町単位、それも小中学校区単位でまとまっている」ということである。当然のことながら、小学校区単位が良いか、それとも中学校区単位が良いかは、それぞれの地域の状況により違う。しかし、重要なことは合併、非合併に関わらず、地域自治の基礎的単位はやはり小中学校区レベルまでが適当ということある。このことは両者がとりわけ公共交通事業に力を入れていることにも関係している。すなわち「自分たちの生活圏というものを意識し、その生活に必要な施設及び交通手段（経路含む）を考えられる範囲」、これが小学校区、あるいは中学校区の単位までということである。したがって、現在国が進める地域運営組織や自主的に広がる小規模多機能自治の広がりというものはその意味において、かなり現実的であると言える。付言するならば、先にも述べた通り、平成の大合併の際には、「自主的」視点がやや欠如し、制度と実態が乖離してしまった。ガバナンスとコミュニティの距離を縮めるためにもこの規模感の視点は必要であろう。

　2点目は、設立年に差はあるものの、両者とも「住民主導で組織化し、意思決定をし、取り組みをしている」ということである。繰り返しになるが、鶴ヶ岡の場合はJAの撤退、三和の場合は自治基本条例制定に向けた協働のまちづくりの中から住民が立ち上がり、組織化した。逆に言えば、そこに行政の支援は一定確認できるものの、行政主導の形跡はない。当然のことながら、単なる行政の下請け機関にもなっていない。鶴ヶ岡においては逆に自分たちで振興計画を策定し、外部から予算獲得をしながら調査事業から実際の事業運営を担っている。また、三和においても、組織内で地域の公共交通のあり方や小中学校のあり方を話合い、市に提言するなど、自らの地域のことは自ら話し合い、決めるということを徹底している。これこそがまさに補完性の原理であり、住民自治が団体自治を規定している実例と言える。

　3点目は、両者とも「総合性と協働を重視している」ということである。具体的には自治会、公民館、消防団、民生児童委員など、これまで地域を支えてきた団体を否定せず、そこに横串を通す、あるいは傘を掛ける形で振興会なり協議会が作られている。また、行政との関係性も、設立当初こそ人的・金銭的

第5章　住民自治主導の地方自治（杉岡秀紀）

援助を受けることはあっても、基本的には上下関係に陥ることなく、まさに対等なパートナーとしての協働事業を展開している。加えて、鶴ヶ岡においては自治体だけでなく、府や国との協働関係も構築できている。

以上の3点はまさに合併、非合併に関わらず持続可能な自治、とりわけ住民自治主導型の地方自治のためには不可欠な要素と言えるのではないだろうか。換言すれば、財政面からだけでなく、まさにこのような視点をもった地域運営組織が作られたかどうかこそを自治体の合併の検証の際には問わなければならないのではないか、ということである。

表5-1　鶴ヶ岡振興会と三和地域協議会の比較

	鶴ヶ岡振興会（南丹市）	三和地域協議会（福知山市）
人口	766人（2015）	3424人（2015）
高齢化率	40.89%（2015）	43%（2015）
面積	77.67 km²	90.53km².
設立年度	2001年	2015年
基本理念	「日本一の田舎づくり、村おこし」 ①住民の利便性を高める ②地域課題の掘り起こし ③人材の発掘及び育成	「「基礎生活圏」としての"みわ"を守る」 ①高齢者、子どもの日常生活が、地域でほとんど完結できるまち ②子育て支援やネットワークが充実したまち（地域のイメージアップ） ③移住者に選ばれるまち（新たな力を受け入れる気風の醸成）
根拠	「鶴ケ岡地域振興計画」（2013） 「鶴ケ岡地域振興計画推進プラン」（2015）	三和地域協議会規約（2015） 福知山市自治基本条例（2017）
会費	月400円（一戸あたり）	なし
学区及び学校	小学校区。 2016年度末で統廃合され地区内の小学校はなくなった	中学校区。 2019年に小学校2校、中学校1校を統合した小中一貫方式の学校を開設予定
年間予算	決算：約300万円（2016）	決算：1230万円（2016）

主な取り組み	企画委員会の下に ①「企画総務部」 ②「地域振興部」 ③「生涯学習部」 を設置	①「地域活力部会」 ②「生活基盤部会」 ③「定住促進・情報発信部会」 の3部会を設置 ※「学校統合問題検討部会」(2016のみ)
拠点施設	たなせん（コミュニティ施設）敷地は南丹市から提供、財源は住民出資（500万円）・自治会拠出（300万円）	三和町農業振興センター1階（三和支所に隣接）
組織体制	役員：会長・集落選出部員 事務局：事務局長(地元住民)、事務局員（市） ※振興会設置当初は町職員1～3名(課長職等)が常駐し振興会事務局長を兼務。現在は嘱託職員が常駐し支所業務の代行等を行う	役員：会長以下非常勤12名 事務局：常勤職員3名

（出所）筆者作成

6　ポジティブな地域創生を

　本書は「合併しなかった自治体」をテーマとする書であるが、ここではあえて合併自治体であっても、合併前のコミュニティ単位、具体的には小中学区単位でスモールビレッジのための5原則を展開している地域運営組織に焦点を当てた。そして、その事例考察からこれからの人口減少時代における持続可能な地域自治に必要なエッセンスは、自治体における合併・非合併に関わらず、住民自治主導の地方自治であることを導出した。

　ところで、近年の地方自治を取り巻くキーワードは、「衰退」「減少」「限界」「消滅」など、実にネガティブな言葉ばかりであり、目を覆いたくなるばかりである。確かにわが国においては353億円もの財政赤字が発覚した夕張市が財政再建団体として国の管轄下に置かれるなど、まさに住民自治を発揮しようにも、地方自治そのものの根幹が揺らぐ例が出ている。また、島根県のある集落では、

第5章　住民自治主導の地方自治（杉岡秀紀）

実際に集落から人が全くいなくなり、「集落のたたみ方」を本気で検討する動きもある。このことは東京でも他人事ではなく、実際に豊島区は人口こそ確保出来ているものの、詳しく分析すると1人世帯が多く、社会減が自然減よりも上回るなど、冒頭の増田レポートによる「消滅可能性自治体」にもノミネートされてしまっている。また、18歳人口が大幅に減少に転じる「2018年問題」や、団塊世代が全員後期高齢者に転じる「2025年問題」、団塊ジュニア世代が全員高齢者に突入し、わが国の高齢者数が最大となる「2040年問題」など、決して前向きとは言えない「20XX問題」も待ち構えている（河合［2017］）。

　人口減少そのものを止めることは当然不可能であり、こうした動きに真っ向から抗うことはできない。しかし、少しでも前向きな住民主導の地方自治や地域自治を進めるべく、近年は、ややポジティブな概念が登場しつつある。ここでは2点ほど紹介したい。

　1点は「人"交"密度」（IIHOE［2016］）という概念であり、いま1つが「縮充」（山崎［2016］）という概念である。意味としては、双方とも人口や高齢化率などという量的側面ではなく、むしろ人と人との関係性や一人ひとりのコミュニケーションの充実度といった質的側面に注目している所に共通の特徴がある。当然のことながら、こうした概念はまだ定着しているとは言い難い。しかし、地方自治も地域づくりも、つまるところ最後は人づくりであり、それは当事者性（ジリキスト）ともいうことができよう（相川［2015］）。というのも近年地域創生のモデルとして全国から注目される島根県海士町も徳島県神山町も、最初の取掛かりはたった一人の「このまちを何とかしたい、何とかしなければ」という危機感だけでなく、ジリキストとしての意思から始まっているからである。また、そのことに気づく人間は必ずしも首長や公務員だけとは限らない。

　本書でとりあげた2事例、また、産山村を含む合併しなかった自治体も、実はこの観点から言えば、最も「人"交"密度」が高く、「縮充」を実感しやすい地域と言えるのではないだろうか。すなわち弱みが強みになる可能性はどのまちにもあるということである。翻ってこのことは、同じ規模や条件のまちでも気づく人がいなければ、ただただ「縮小」を座して待つことになるということ

第1部　合併しなかった自治体の実際〜研究視点を中心に〜

も意味する。

　ぜひ1つでも多くの地域で、1人でも多くのジリキストが登場し、「人"交"密度」「縮充」をキーワードに住民自治が団体自治を規定する、住民自治主導の地方自治、本当の「地域」創生が進むことを祈念して、ささやかながら本章の結びに代えたい。

（参考文献）
相川俊英 (2015)「反骨の市町村—国に頼るからバカを見る—」講談社。
IIHOE(2016)『ソシオ・マネジメント—小規模多機能自治—』vol.3、人と組織と地球のための国際研究所。
今井照 (2008)『「平成大合併」の政治学』公人社。
今川晃編 (2014)『地方自治を問いなおす』法律文化社。
宇都宮浄人 (2015)『地域再生の戦略』ちくま新書。
大江正章 (2015)『地域に希望あり—まち・人・仕事を創る—』岩波新書。
大前研一 (2016)『君は憲法第八章を読んだか』小学館。
大森彌 (2017)『人口減少時代を生き抜く自治体』第一書籍。
NHK取材班 (2017)『縮小のニッポンの衝撃』講談社現代新書。
岡部成幸 (2017)「暮らしを支える地域協働システムを」京都府立大学京都政策研究センター『「みんな」でつくる地域の未来』53〜68ページ、公人の友社。
小田切徳美 (2014)『農山村は消滅しない』岩波新書。
河合雅司 (2017)『未来の年表』講談社現代新書。
木下斉 (2016)『地方創生大全』東洋経済。
国立社会保障・人口問題研究所 (2017)「日本の将来推計人口（平成29年推計）」。
佐藤竺 (1965)『現代の地方政治』日本評論社。
自由民主党憲法改正推進本部 (2012)『日本国憲法改正草案』自民党。
杉岡秀紀 (2014)「京都における住民自治の実際」、今川晃編『地方自治を問いなおす』、53〜73ページ、法律文化社。
杉岡秀紀 (2017)「産山発！持続可能なスモールビレッジのための5原則」『地方自治職員研修』2月号、10ページ、公職研。
第27次政府地方制度調査会 (2003)『今後の地方自治のあり方に関する答申』。
高島茂樹 (2002)『市町村合併のそこが知りたかった』ぎょうせい。
地域活性化センター (2017)『地域づくり 平成28年度地域活性化ガイドブック〜小さな拠点+ネットワークによる地域活性化』。

地域の課題解決のための地域運営組織に関する有識者会議 (2016)『地域の課題解決を目指す地域運営組織—その量的拡大と質的向上に向けて—最終報告』。

南丹市オフィシャルサイト (2017) (http://www.city.nantan.kyoto.jp/www/) (2017 年 8 月 1 日閲覧)。

日本経済新聞 (2017)「「町村総会」の運用策検討　総務省研究会が初会合」『日本経済新聞』7 月 27 日朝刊。

福知山市オフィシャルサイト (2017) (http://www.city.fukuchiyama.kyoto.jp) (2017 年 7 月 31 日閲覧)。

増田寛也 (2014)『地方消滅—東京一極集中が招く人口急減—』中公新書。

役重眞喜子 (2016)「平成の大合併で空いた地域と行政の隙間をつなぐために」『かがり火』4 月号、合同会社かがり火。

山崎亮 (2017)『縮充する日本—「参加」が創り出す人口減少社会の希望』PHP 新書。

山下祐介 (2014)『地方消滅の罠—「増田レポート」と人口減少社会の正体—』ちくま新書。

山下祐介・金井利之 (2015)『地方創生の正体—なぜ地域政策は失敗するのか—』ちくま新書。

第2部
合併しなかった自治体の実際
～住民視点を中心に～

第6章　小さな自治体のよいところの洗い出し

高木　正三（ふるさと食農ほんわかネット）

1　よいところの洗い出しに至る経緯

　「平成の大合併」といわれた市町村合併により、市町村数は1999年の3232から2016年には1718と減少した。その一方で、他市町村との合併を選ばず単独で生きていくことを決めた自治体も多い。熊本県阿蘇郡産山村は2003年、単独で生きていくことを決めた。単独で生きていくことを決定するまでには経緯がある。市町村合併特例法の期限切れ（2005年3月末）が目前に迫り、市町村合併はやむを得ないという諦めムードが漂う中で、「小さな自治体の可能性と展望」との表題でフォーラムが開催された。主催は「産山村を考える会」であったが、「ふるさと食農ほんわかネット」もお手伝いし、私自身、パネルデスカッション時のコーディネーター役を務めた。このフォーラムの後、産山村は住民投票を行い、近隣4市町村との合併案が賛成4割にとどまったため、結局単独の村として生きる道を選んだ。

　今回のフォーラムは合併の善悪を問うものではない。合併しなかったことが良かったからと言って、未来永劫に良いことづくめではないし、悪かったからと言って過去に戻ることもできない。合併を選ばなければ地方交付税の減少により生き残りは難しい、とまでいわれた小規模自治体の現在と未来展望について検証するため、単独で生きていくことを決めた熊本県産山村を例に、同村のこれまでをふりかえりつつ、地域の宝をいかして活力のある魅力的な村づくりを実現していくかを考えるのが今回のシンポジウムの目的である。当日は、九州大学名誉教授の木佐茂男氏が「平成の大合併総括に必要な視点」として今回

のシンポジウムの趣旨説明した後、パネルディスカッションとして次の3名の研究者が問題提起された。
　①小規模自治体の独立性（原島良成・熊本大学法科大学院准教授）
　②小規模町村の合併と産山村財政（小泉和重・熊本県立大学教授）
　③コミュニティ・地域活性化（原田晃樹・立教大学教授）、
　その後、渡辺裕文産山村議会議員が産山村住民のアンケート結果を披露した。

2　よいところ探しの方法

（1）付箋紙の活用

　パネルディスカッションの後、5つに分かれたグループ[1]の意見交換会が行われ、私は「小さな自治体のよいところを徹底的に洗い出そう」の司会・進行役を担当した。参加者は16名。内訳は男性11名、女性5名で、産山村村長、産山村の畜産農家、村へのUターン者、都市住民、隣町の町議会議員、元大学教授、隣接の町役場職員という構成であった。「小さな自治体のよいところを徹底的に洗い出そう」といった裃を着た発表方法では誰も口を割らない。そこで、産山村（2017年3月末現在620世帯、人口1540名）に長く住んでいる人、熊本県内ではあるが産山村以外の市町村に住んでいる人、今日初めて産山村を訪れた人、人の顔が違うように見方・考えた方・印象も違うはずということで「人の意見・発表にケチを付けず、とにかくどんどん自由に出していこう」と誘導していった。
　ただし、ほとんどの人は初顔合わせである。初対面の村内外の参加者から如何にして「小さな自治体のよいところ＝小さな産山村の大きな宝」を出させるか工夫が求められた。そこで、まず場が和むように自己紹介を行った。「1人1

1　当日は、①「合併しなかった小規模自治体の財政・財務上の課題・悩み」、②「ちいさな自治体のよいところの洗い出し」、③「住民主導の地方自治～域内分権と小規模多機能自治～」、④「ちいさくてもみんながイキイキと暮らせる村づくり」、⑤「震災復旧・復興にかかる連携と課題」の5つのグループに分かれ、グループワークを行った。

分の時間厳守。時間を守らない時は鐘を鳴らします」とユーモアも誘った。テーブルを囲んでいるので真ん中に白紙を置き、名前を記入し、参加者同士の親近感を持たせるような配慮も行った。

次に使用したのは付箋紙（ポストイット）である。付箋紙を配布した後にやり方の説明をし、約10分間「1枚のカードに一つの宝」を書き込んでもらった。箇条書きにして説明文を書くのも可とした。「恥ずかしがらずに自分がこれが産山村の宝と思ったのは素直に書いて下さい」と強調し、一人何枚書いてもOKとした。

（2）参加者の発言と視覚的工夫

人の顔がそれぞれに違うように、産山村の付箋紙に書き出したそれぞれの「産山村のよいところ」をそれぞれの参加者から発表してもらった。そして言葉で説明しながらテーブルの真ん中の用紙に張り付けていった。最初の人はバラバラに張り付けていったが、二人目からは類似の所に貼っていった。この場合にも発表する人に時々質問し、具体的なよいところを探ってもらった。当初は固くなっていた参加者も同一方向へ向く意識が出てくるのか、結構饒舌になり「宝」の山が増えてくる。

その結果、「自然がいっぱい」「水が美味しい」「空気が気持ちいい」「ごちゃごちゃしていない」「温泉がある」等々数え切れない程の項目が出てきた。テーブルの真ん中に張り付け作業を行うことにより、これは「○○さんの項目と同じ意味です」と、自然と同じ場所に張り付けていった。参加者の自発的行動と視覚的工夫でいつの間にかグルーピング化が図られるに至った。

図6-1　グルーピングのイメージ

（出所）筆者撮影

（3）グルーピング化

　他の参加者が考え書き始めると、それ以外の人にも伝染し書き始める。1枚に1つの項目を書き、何枚書いてもOKとした。書いた人がカードを提出しながら発表する形式を取った。後の方の発表になると当然重なるものが出てくる。発表するに従い、自然とグルーピング化は図られるが、ヒト・モノ・カネ（経済的価値）・情報等を頭に入れながらグルーピングを誘導し、全体を整理した。結果は以下の通りとなった。

3　よいところの洗い出し

（1）人の関係

①役場職員と地域住民との関係
・お互いに顔見知りなので、役場職員からは住民に対して、地域住民からは役場職員に対して直接色んな話ができる（地域住民の声が行政に反映しやすい）。
・役場職員としては多くの村民の顔が分かるので、住民サービスが細かく行き届く（行政サービスの充実性）。
・課題が生じた時、解決策を行政・議会で素早く検討でき、実践できる（縦割り行政の弊害が少なくスピーディーな解決策の構築）。

②地域住民と地域住民との関係
・みんな顔見知りなので人間関係が密である。
・思いやりのある人間関係が残っている。
・近所付き合いが深いので互助の可能性が高い。
・何か緊急なことがあっても親戚がどこに住んでいるかを含め家族構成等が分かるので、適切な対応ができる。
・新鮮な野菜等食材を無料でやり取りする。

（2）地域住民と村外者との関係
・村内に住む人は素朴な人が多いので、村外者が来ても親切である。
・地域住民をよく知っているので、村人を訪ねられても直ぐに対応できる。

（3）自然・環境
①自然
・自然が残っており素晴らしい。
・大草原があり風景が素晴らしく、原風景のようだ。
・水がおいしい（湧水）。
・星がきれい。
・水田が綺麗。
・温泉がある。
・空気がたまらない。
・空気が綺麗なので健康に良い。
・蛍がすごい。

②環境
・信号機が無い（交通量が少ない、排気ガスが無い）。
・どこに行っても駐車場が広い。
・交通の渋滞が無い。

（4）生活面
①食材
・野菜が新鮮で価格も安く美味しい。
・漬け物が豊富。
・御飯が美味しい。
・田舎は自然が多くて食べ物も水も美味しい。

②習慣・伝承芸能
・合併していないため小さな集落の文化や習慣が伝承されている。

第6章 小さな自治体のよいところの洗い出し（高木正三）

・のんびり生活でき長生きしそう。
・助け合いの良い習慣がある。
・冠婚葬祭等を通じ絆の太さを感じる。
③その他
・若者の組織が作りやすい（実際に「はじめ会」という組織がある）。
・個人の夢がかなえられやすい。
・お年寄りが多く、子供にとっては社会勉強になる。
・川遊びなど都会ではできないアグレッシブな遊びができる。
・家賃が激安である。

　小さな自治体のよいところや可能性について色々な宝が出てきた。「小さな自治体のよいところを徹底的に洗い出そう」との表題であったが、どうしても個別的に「産山村のよいところ」としての回答となったのは仕方のないことだろう。

4　参加メンバーの偏り

　このように整理するとよいことばかりのように見えるが、発言した参加メンバーに問題がないかチェックをしてみると、このグループ意見交換会の参加メンバーに産山村の女性、産山村職員、若い村人（元々少ないかも知れないが…）、地元小中学校の先生や保育園の先生等が誰一人として参加していない。小さな村で一定の現金収入がある人が参加していない。今回参加者を年代的にみると60代以上の人たちがほとんどであった。若い人や地元女性の参加者が無く、若者・女性の立場から見ると、どの様な「宝」が出てきたことだろうかと興味がわく。

　人口の多い少ないにかかわらず、都会においても田舎においても、良いところと悪いところとがあるのは当然である。ヒトが一定の地域において楽しく愉快に生涯を過ごすためには、産山村（小さな自治体）においても、不足しているものがあればそれは補い合い、「宝」は有機的に紡いでいき、宝の山を作る以外に方法はない。

　地域づくりは「ないものねだりは止めて、あるもの探しをしよう」が鉄則であり、

115

第2部　合併しなかった自治体の実際〜住民視点を中心に〜

「玉石混交」の中で、「玉」を見つけることが大切である。しかし、産山村（小さな自治体）の女性、若い人の目から見ると「宝の発見」以前に不便に感じているものとは何であろう。

図6-2　産山村のイベントの様子

（出所）筆者撮影

「ないものねだり」とまでは行かずとも、①就業の場所不足、②後継者不足、③子育て、④高齢化に伴う福祉や病院問題、⑤娯楽、⑥所得や生活水準問題等は「玉石混交」の中の「石」かもしれない。それは、事前に行ったアンケート（約80名）結果にも表れている。「小さな宝」と考える人もいれば全く逆の考えを持つ人もいる。例えば、「人間関係が密接になる意見がある反面プライバシーが守れない」、「顔の見える関係が濃密であると言いながらコミュニケーションは図られていない」、「自然が多い反面買い物する場所や集う場所がなく不便である」等々である。

2日目の「みんなで語ろう」においては、産山村住民から「事業づくり、地域の中でのＮＰＯ法人立ち上げ等はもう既に行っている。そうした人と人とをつなげる働きが行政には全く足りない。今回のシンポジウムも内容はとてもよかったが、行政が村人を呼ぼう、巻き込もうという動きがなかった。村は都会以上に閉鎖的な部分もある。その人たちを積極的につなげていくことが必要だ」との意見があった。

それと同じように、今回の産山村住民を対象にしたアンケートの内容を見ると、①リーダー不足あるいはリーダーの育成、②行政（産山村役場）のやる気・役場職員の志、③役場職員43名中17名（約40％）が産山村以外に住居を構えている等の課題が挙げられている。

第6章　小さな自治体のよいところの洗い出し（高木正三）

5　村外者からの提言

合併に揺れた14年前のフォーラムにも関与した。また今回のシンポジウムのスタッフにも関係した立場から、地元産山村から批判があることは承知の上で、辛口の提言を行うことで結びに代えたい。

（1）公的にお金をもらっている人は地元に恩返しの精神を

小さな自治体において、村役場職員、郵便局職員、学校の先生、JA職員等いわゆる公務員やそれに準ずる人たちは、当該自治体（産山村）に住むことが基本である。当然個人には住居の自由が権利として認められているが、当該自治体の面倒を見てやっている、との上から目線でなく、当該自治体から生活の糧を得ている、お世話になっていると考えれば恩返しの精神が生まれるはずである。役場職員43名中17名（約40％）が村外住居者とは少し異常な気がする。役場職員と地域住民との関係で、「お互いに顔見知りなので役場職員からは住民に対し、地域住民からは役場職員に対して直接色んな話ができる」のが産山村（小さな自治体）の「宝」であれば、何らかの方法で村内に居住を構えることができるだろう。行政のやる気・役場職員の志についても、アンケートの中で悪い意味で指摘されている。今回、産山村の職員が何人参加したかも分からないし、名刺交換する機会もなかった。産山村は、村をPRするため5種類（山から産まれた星空・野焼き・冬・サンチュ・水）の台紙を提供し、産山ならではの名刺を作るサービスを行っているが（平成28年広報『うぶやま』5月号）、残念ながらまだお目にかかっていない。

（2）リーダー待望論より自分たちが楽しむ集団に

「魅力ある人（キーパーソンやコーディネーター）を発掘する必要がある」「リーダーとなるべき人を育てることが大切である」など、アンケートの中身や当日の討論でリーダー待望論が多く出されていた。どこの世界でも突然スーパーマンが現れ一気に情勢が良くなるなんてことはない。産山村に住む人が、産山村に誇り

117

を持った人たちが立ち上がらなければ状況は変わらないが、既に疲労こんぱいの状態だろう。今回集まった人、今回アンケートに協力した人、その人達がリーダーになる訓練を自らトライすることが大切である。このように書くと荷が重すぎるが、「自分たちが楽しみ周囲が喜ぶイベントをまたやろう」とする気持ちを持つことが大事である。一人のリーダーより、楽しむ集団の方が荷が軽いと思う。

　①志を高く持とう

　産山村で地域住民同士がみんな顔見知りなので思いやりのある人間関係が構築されていることが「宝」であれば、多くの村民に素直な思いで動くむらづくりの志が欲しい。シンポジウムの受付が忙しそうな状況であればちょっと手伝ってやる、終わった後の椅子の片づけにちょっと手を差し伸べる、こんなささやかなことこそが「小さな村での思いやりのある人間関係」と思われる。自分の村の将来を考えるシンポジウムでありながら、お客さん気分で参加し、評論家的にアレコレ述べてもさっさと帰る。後片付けは村外の事務局が行うような光景・体験では産山村（小さな自治体）の底が知れよう。

　②応援団の有効活用（産山村ファンを増やす）

　今回のシンポジウムで多くの産山村以外からの参加者から「産山村を好きになった」「何かある時は応援したい」「プライベートでもまた訪れたい」などの発言を多く聞いた。時間を作り多額の費用をひねり出し、このような田舎の産山村にわざわざ参加してくれた人たちのアフターフォローは誰がどういう形で行うのだろうか。ゼロから応援団を組織するのは困難を極めるが、自ら応援団（サポーター）になりたい願望のある人々を組織化し繋ぎとめる方法も考えるべきである。

　今回のシンポジウムのように外部からの『風』を巻き込み（外部を利用し）、交流会で胸襟を開いて議論したように、オープンに夢を語りあえる場を多く設け、また、住民間の顔の見える関係があるのだから現に活動しているＮＰＯ法人や若者が組織する「はじめ会」などを活用し、村民と村役場職員の力量を高めることが大切である。このためには、ふるさと（産山村）に誇りを持ち、リーダー待望論より村民自らがその役を担う大きな志が必要であろう。

第7章　村民アンケートからみた
　　　小規模自治体の合併の意義

渡辺　裕文（産山村村議会議員）

1　産山村の概要

　産山村は、九州のほぼ中央部にあり、標高500メートルから1047メートルの高原地帯に属し、村域は東西6キロメートル、南北10キロメートル、総面積60.81平方キロメール、その82.7パーセントを山林と原野がしめている。環境省指定名水百選の池山水源（湧出量毎分30トン）と、同規模の熊本県指定名水百選の山吹水源を主水とした川が、棚田を潤し大野川となって別府湾にそそいでいる。人口は約1500人で、農業・林業・畜産業を主体とした農山村である。近年は観光にも注力する。

2　産山村と合併

　1889年（明治22年）の町村制施行により、「産山村」となってから128年、単独の道を歩んでいるが、合併については、過去のいきさつが、「産山村史」に記されている。1953年（昭和28年）10月に施行された町村合併促進法で（3年間の時限立法）、熊本県は基本計画を設定し、産山村と波野村（当時）の合併を提示した。村は住民投票を実施した結果、合併の相手として、南小国村（当時）が1位であった。県は勧告書を出し波野村と合併するよう迫ったが、村は従わず、最終的には、国・県も単独村として認め今日に至っている。この経緯を村史では、村の政治をマヒ状態に追い込んだ合併問題として、村の政治史上特筆に値する

事件であったと記している。

　1999年（平成11年）4月から2010年(平成22年) 3月までの時限立法として施行された「市町村の合併の特例に関する法律」により、2002年（平成14年）8月、阿蘇町、一の宮町、波野村と任意協議会「阿蘇中部4町村合併推進協議会」を設置、協議に入る。2003年（平成15年）7月「産山村を考える会」が1075名（産山村の有権者の約74パーセント）の署名を添えて、「阿蘇中部4町村合併推進協議会」からの離脱の請願書を提出。同年8月村長が協議会から離脱を表明。その後、「阿蘇中部4町村合併推進協議会」に戻るよう、800名ほどの署名を添えた請願書も提出され、村は2003年（平成15年）3月、住民投票を実施（投票率は83.31パーセント）、結果①阿蘇町、一の宮町、波野村と合併525票（44.4パーセント）　②合併しないで単独村480票（40.6パーセント）　③小国町、南小国町と合併176票（14.9パーセント）。村は「阿蘇中部4町村での合併を推進する決議案」を議会に提示、これを村議会が否決。産山村は単独でいくことになった。

　今回の「合併をしなかった自治体の将来を考えるシンポジウム」は前述の「阿蘇中部4町村合併推進協議会」から離脱後も、合併問題で揺れている真最中2013年11月に開いたフォーラム「小さな自治体の可能性と展望」の基調講演をされた木佐茂男先生（九州大学大学院法学部教授：当時）から「フォーラム後12年経過している。検証したらどうか」と提案があり、シンポジウムのコーディネーターをされた高木正三さん（ふるさと食農ほんわかネット情報誌「ドリーム」編集長）も同意され実現することになった。産山村の実行委員会では村民の現状への思いや要望などを把握するため無記名アンケートを実施した。アンケート回答者のプライバシーと心情に配慮し、解答用紙はすべて本人が封書に収めた後に回収し、それをランダムに開封し集計した。

3　村民アンケート結果概要

　村民アンケートでは、以下の5項目について尋ねた。
（1）様々な理由による村財政の変化に伴う身の回りの変化、将来への展望
（2）他地域と比べて産山村という小さな自治体の良いところや可能性
（3）地域の暮らしと文化を支える集落共同体の未来への期待と不安
（4）皆が生き生きと暮らせるむらつくりのために「地方創生」に期待すること
（5）震災復興に対しての現状と再度起こりえる災害対策への意見
　なお、形式は自由記述式であり、村民の率直な意見を浮かび上がらせることを狙いとした。以下、項目別にどのような意見があったのかを見ていく。
　（1）では、「人口の減少による税収減、財政は厳しくなり吸収合併しなければならなくなるのでは」、「少子高齢化が進み、若者・後継者がいない老人だけの村になり、産山で暮らしていこうという希望が見えない」、「合併しなかったから村は発展していない」、「水害・地震の時の行政の対応が冷たく今後の生活が不安でたまらない」といった財政への危機感や村の将来に対しての悲観的な意見が見られた。一方、「福祉・教育を充実し一流の田舎作りを目指してほしい」、「若者が増えるよう財政支援をして村を活性化」、「地域活性化のポイントは継続であり人（キーパーソン）・組織が必要」、「産山村の資源を活用し良いところを守りつつ、雇用の確保やサービスの充実、魅力ある取り組みの推進等に力を入れ、住民も新たなステージのための意識改革が必要」等、今後の村のあり方に対しても方向性等が記されている意見もあった。
　（2）では、「小さな自治体は小回りが利き住民の声が届きやすい。地域住民との密接な関わり、ネットワークがある。合併した小さな区域に比べて行政サービスも充実している」「産山での生活に不便は感じない、人情や自然の中で幸せを感じている」「合併をしなくてよかったし、村が残ったことで貧しくとも生きがいがあり、他町村民から羨ましがられる」といった産山村のよいところが述べられている。また、「小規模自治体の強みを見出し実践していくリーダーの資

第 2 部　合併しなかった自治体の実際～住民視点を中心に～

質によって大きく変えられる」、「人口 1500 人の村なので地域の連携は他市町村より容易なはず、一体となって色々なことを起こせるのではないか」、と可能性にも言及する意見もあった。そして「それを活かせるのは村政のやる気」、「産山村というブランドイメージが必要」「産山の基幹産業の野菜・水田・畜産・観光を広げ、第 3 セクターとの連携強化を図る。それを支えるのは若者と壮年と行政」と期待も込められたり、また「役場職員の村外居住に危機感、行政職員とは何なのか再認識し（本当に村のことを考えているか疑問）産山村を戦う集団に」という意見もあった。

（3）では、「農林業従事者の減少で集落機能が低下し、農林地の荒廃や文化の消滅が加速し集落の維持ができるか不安」、「地域住民が地域を知らないことや、住民同士のコミュニケーション不足に危機感」、「移住者がきても、集落の維持に協力的でないと集落の維持が困難」といった不安を感じている人が多かった。他方、「集落以外の人や移住者を取り込み共同体として、祭りや道路水路の維持管理活動をする」、「独居が増えるに従い残る人たちの負担が大きくなるため、各集落間の連携が必要になる」、「住んで楽しい村つくりを皆で考え、住みたい村ナンバーワンを目指そう」という前向きな意見も見られた。

（4）では、「既成観念にとらわれず、既成の枠を取り払い、若い智恵を注ぎ込み、老人の智恵や力を活かし、地域住民が一体となって難題を克服し、足元に眠る宝に光を当てる」、「働く場所の確保に頭脳が必要、働く場所があれば若者も増える」、「地方創生は上からの提案ではだめ、自ら村に提案する、自分でやるくらいの意識を持ってやらないと村は良くならない」、「後継者のいない老人や一人暮らしの家の生活、農作業を手伝ってくれる有償のサークルの立ち上げ、そのためにはリーダーとなるべき人材の育成が必要」との声が聞かれた。

（5）では、「まずは災害復旧に全力を、震災後の村の支援は適切、復旧工事は小さい村だからこそ手厚く迅速に対応できているのではないか、と概ね評価している」、「ハザードマップを作り防災意識を高めて集落ごと村と連携して、災害リスクの共有化を図る」、「自分の地域は自分たちで守る、集落の組長をトップに自主防災組織の確立」といった声が上がった。ハザードマップは村で作っ

ているが、周知の徹底、見直しが必要ということであろう。以上、役場・地域社会に対して抱えている課題が住民目線で浮かび上がってきたのではないか。

4 これからの産山村

　また、人材に対しての要望・期待も大きかった。様々な意見がある中で、一つひとつ解決していくには、回答の中に「もっとたくさんの人たちからアイディアを募るべき」とあったように、住民同士で話し合う場を設けて課題を共有し解決に向ける努力が必要であろう。

　先日、全国紙において産山村役場村外居住職員（職員の4割）の通勤手当カット、災害初動強化・転居促すとの報道があった。アンケートの回答の中にもあったように、災害は初動強化だけではなく職員の村に対する姿勢にも関連してくる。村は人口減少対策の一つとして、移住を推進しているが、その推進する側の職員が村外に居住しているのが現実である。

　平成の大合併の中で、国策として、将来の財政シミュレーションを示され、合併はやむを得ないという流れの中で、合併協議会（任意協議会）の離脱、住民投票を実施し、1位であった4ケ町村合併案を、過半数でないと議会が否決。これら一連の過程が村長交代につながり、そのわだかまりはまだ完全に消滅していない。「合併しなかった自治体の将来を考えるシンポジウム」は当時を思い出す、寝た子を起こすようなことと捉えていたのではないか。シンポジウムにも積極的でなく役場職員の参加も少なかったのはそのためではないだろうか。

　しかし、地方自治法に「地方公共団体は、住民の福祉の増進を図ることを基本として、地域における行政を自主的かつ総合的に実施する役割を広く担うものとする」とあるように、そこに住んでいる人たちが、安心安全に暮らしていけるようにする住民の福祉を支える役割が、役場の職員にはある。産山村に限らず、合併してもしなくても住民の福祉が脅かされることになれば本末転倒である。住民も行政ばかりにたよらず試行錯誤し工夫しながら、地域共同体として維持していけることが小規模自治体の合併に対する基本姿勢ではないだろうか。

第8章 「ちいさいからこそ」できる自治体創造

～自治体職員の地域熟知を活かす～

堀田 和之（岐阜県土岐市職員）

1　自治体職員と自治体創造

　この章では、非合併の小規模自治体を通して、今後、自治体職員[1]はどのように自治体創造に寄り添っていくかを考察し、自治体職員のあり方を摸索していく。

　自治体職員のあり方に関する研究は、自治体外部からの研究は多いものの、実務を行っている自治体内部の視点における研究は少ない。その要因については、本章でも触れるが、組織の体質、業務の性質、職員の立場が関係するところが大きい。そのようなことに配慮しながらも、筆者[2]の立場、経験を活かし、自治体実務及び実状から先行研究にないような新しい視点をもたらし、地方分権下における自治体創造に向けた自治体職員のあり方に資するものとなることを切望して執筆するものである。

　筆者は、自治体職員は「純粋に人を応援できる数少ない仕事」だと考えている[3]。そして、自治体創造を担う魅力的な仕事であり、どこの地域にも身近に存在することをあわせて伝えていけたらと考えている。

1　本章において「自治体」とは主に基礎自治体とし、「自治体職員」とはその自治体の職員全般とする。
2　筆者は現在、同志社大学大学院総合政策科学研究科博士後期課程に在籍しつつ、岐阜県土岐市役所に勤務している。
3　そして、自治体の主人公は住民であると考えている。

2　市町村合併と地方分権一括法

（1）平成の市町村合併の経緯

1999年4月に合併特例法が改正され、「合併特例債の許可」「合併促進に向けた国・都道府県の積極的な支援」が盛り込まれた。さらに、法改正後の8月は自治省（現総務省）から出された「市町村の合併の推進についての指針」では、市町村の合併検討の際に参考や目安となる合併パターン（組み合わせ）等を内容とする「市町村の合併の推進についての要綱」の策定が都道府県に求められた。こうして国の主導により「平成の市町村合併」と呼ばれる大きな流れが生まれた。

今川晃は、この誘導策から生まれた流れに対し、「市町村の国や都道府県への依存体質を温存・助長させる危険性もはらんでいる」とし、「これでは、地方分権に必要な自立の基盤固めに逆行することになりはしないか。国も都道府県も市町村も体質を変えなければならない時代に、従来と同様の発想で市町村合併が推進されてきたところに最大の課題が残されている」と指摘している（今川［2009］169ページ）。

（2）合併のメリットとデメリット

合併のメリットとデメリットについて、牛山久仁彦は、「表裏一体の関係にあることが多い」と述べ、両者を比較する形で**表8-1**のようにまとめている。そして、「メリット・デメリットの論点は、サービスの向上、財政負担の軽減、それらを支える政策形成能力の向上といったところであり、反対にそれらメリットが人口の多い中心自治体に集中することに、周辺地域が強い危惧を抱いている」と述べている（牛山［2003］41ページ）。

第2部　合併しなかった自治体の実際～住民視点を中心に～

表8-1　市町村合併のメリット・デメリット

合併のメリットとして指摘されるもの	合併のデメリットとして指摘されるもの
○役所の規模拡大による政策形成能力の拡大と効率化、サービスの向上	●身近な役所の消滅とサービスの低下
○財政規模の拡大による重点投資規模の拡大	●重点投資の中心市街地への偏向
○公共施設の効率的配置（重複施設の解消）	●公共施設の整理による利便性の低下
○中心市街地の活性化による人口の増加	●周辺部の過疎化
○高齢化率の高い地域へのサービス継続	●周辺地域におけるきめ細かいサービスの供給困難
○職員数の減少による義務的に経費の削減	●職員数減少によるサービスの低下
○議員・首長数の削減による財政負担の軽減	●議員数の減少による民意反映の低下

（出所）牛山［2003］、41ページ

　また、真山達志は、「政策形成能力」を挙げ、「自治体の政策形成能力は、地方分権時代の自治体において、最も大切な能力である。合併により、広い視野と長期的な視点で物事を捉え、現状を合理的、科学的に分析・検討するという視点が備わることで、政策形成能力が高められることが最大のメリットである」と述べている。他方、デメリットについては、「一般的な役所が遠くになること」、「中心部と周辺部で格差が生じること」、「地名が消えてしまうこと」、「住民の声が行政に届きにくくなること」に加え、「行財政の効率化などが全面に出過ぎてしまうこと」を懸念し、「事務の効率化や財政力の向上などは、付随的な効果に過ぎず、本質を見失うこともまたデメリットである」と述べている。そして、「行政が行った効率化においてではなく、実際の住人に対し、それによって新しく形成された政策の効果、影響で判断すべきである」と述べている（真山［2001］164ページ）。

　合併におけるメリットとデメリットは実際にどうなのか。実際に産山村シンポジウムにおいて合併しなかった自治体で暮らす方々と話す機会を得たので、以下、実態からの考察を行う。

3 「合併しなかった自治体の将来を考えるシンポジウム」に参加して

　筆者は、熊本県阿蘇郡産山村で開催されたシンポジウムに参加し、合併しなかった自治体で暮らす方々と実際に対話する機会を得た。産山村は、合併を選択しないと地方交付税の減少により生き残りは難しいとまでいわれた小規模自治体の一つである[4]。この産山村を事例に、非合併の小規模自治体の考察を行う。

（1）シンポジウムについて
　シンポジウムの主旨は、熊本県産山村を事例に、平成の大合併から十余年を経た現在、合併の成功・失敗を問うものはあるが、そこで抽出された課題をもとに将来の自治体づくりをどうするかにまで踏み込んで考察した研究は少ない[5]。シンポジウムは、1日目に主旨説明、パネルディスカッション、グループ意見交換会、交流会、2日目に参加者によるシンポジウムの総括に向けた意見交換会が行われた。

（2）意見交換会「ちいさくてもみんながイキイキと暮らせる村づくり」
　筆者は、1日目の意見交換会のDグループ「地方創生・ちいさくてもみんながイキイキと暮らせる村づくり」の進行を担当した。意見交換会には、五つのグループがあり、それぞれのグループにテーマが設定された。各グループにおいて、それぞれのテーマで生活に密着した、産山村でないと聞く事ができない新鮮な話がたくさん出た。
　Dグループは、産山村村内、近隣市町村の方、県外から約10人が参加した。全員男性で、年齢は20代から70代までと幅広かった。そして、高原型純農山村だけに、参加者の大半が農業に携わる方々で、農業の話がたくさん出た。意

4　「合併しなかった自治体の将来を考えるシンポジウム」案内より。
5　前掲。

見交換会の前半では、参加者の自己紹介、合併に対する意見及び思い、テーマに含まれる「地方創生」、「イキイキ」とは何かを話し合った。後半では、筆者が「村づくり」に関連した「住民参加」[6]の理論を紹介し、「村づくり」とは何かを議論した。

（3）村民における「イキイキ」とは

Dグループの「地方創生・ちいさくてもみんながイキイキと暮らせる村づくり」というテーマをいただいた際に、「地方創生」及び「イキイキ」という言葉に戸惑った。日常でよく使用している言葉だが、抽象的である。意見交換会では、まず自己紹介を行い、その後に、「地方創生」及び「イキイキ」とは何かを話し合った。「地方創生」そのものや具体的にこれが「イキイキ」だという発言は少なかったが、日常の経験からの住民らしい飾らない意見が多く出た。具体的な意見は次のとおりである。

- 村づくりも大切だが、食べていけないと意味がない。それが地方創生ではないか。
- 百姓は作ることは上手いが売ることが下手。自分たちの生産に誇りを持っているので、生産コストの説明をしたい。
- 今、農業をやっているが、自分達で価格が決められない。そのため、休み無しで朝から晩まで働いている。自分達の仕事が時給2000円に換算してもらえれば、人並みの生活が送れる。
- 趣味でミニバレーをやっているが、そこで話すことが、いつもイノシシをどのように駆除するかという話。その労力をどうするか。
- 農薬をいかに使わずに、トマトとイチゴを作れるか。今、凄く大変だがワクワク感がある。
- 来年、田んぼを借りて無農薬、無化学肥料でお米を作りたいと考えている。

---

[6] 住民参加は、佐藤竺が1970年代に唱えた理論で「政策過程に直接関わり、住民と行政が責任を分有すること」と定義されている。行政に政策を丸投げするのでなく、自分達の選択、意思決定で生じた結果を受け入れる責任もまた必要である。

土日も無かったりするけど、その覚悟はできている。
・便利になるハードの面も大切だが、「イキイキ」と暮らせるには文化というソフトの面が大切ではないか。

(4)「ちいさくても」を「ちいさいからこそ」と捉える

　議論が進む中で、参加者の考える「イキイキ」を捉えるヒントが少しずつ浮き出て来た。その一つが農業であった。農業について話す参加者は、決して良いとは言えない状況にありながらも、農業の奥深さ、楽しさ、夢を「イキイキ」と語った。産山村に携わる参加者の多くは、農業と生活を送っている。産山村にとって「イキイキ」と暮らす為のキーワードの一つが「農業」であった。

　終盤には、参加した若手の村役場職員が、お年寄りの方の畑にイノシシが出ることについて、「村民の方の主力である農業、その畑が本来生き甲斐であり、『イキイキ』の場であるのに、そうでなくなっている」と、対話によりイノシシの被害が及ぼす深層的なことを知った。この若手職員は、農業に関する部署でなく、また役場に就職して数年ということであった。表面的に農業、イノシシの被害のことは知っていても、住民の楽しみ及び苦悩といったことまでは知らなかったが、今回の対話で知ることとなった。

　産山村には「ちいさいからこそ」このように膝と膝をつき合わし対話することで、相手のことがわかる近くてよい距離感があった。このような住民と村役場職員[7]が対話し、地域への熟知を深めていくやり取りから、産山村の村民と村役場職員には、「ちいさな村だからこそ」の近くてよい距離感がある事を感じた。

　産山村は「合併しなかった村」であるが、合併しなかったからこそ失われず保たれているメリットが存在する。「ちいさいからこそ」のメリットの一つが村民と村役場職員との距離感であった。

7　具体的なケースのため、「自治体職員」を用いず、「村役場職員」を用いた。

4 「ちいさいからこそ」を活かす自治体職員の「地域熟知」

（1）「ちいさいからこそ」何がよいのか

産山村で開催されたシンポジウムにて、「ちいさくても」ではなく、「ちいさいからこそ」というキーワードが出た。そして、ちいさいからこそ「住民と村役場職員の近い距離感」を「村づくり」に活かすべきという話になった。ただ、「住民と村役場職員の近くて良い距離感」は感覚、イメージ的である。「ちいさいからこそ」の思いを住民、村役場職員が実現するためには、住民、村役場職員のそれぞれの立場でどうあるべきかであり、その為には何が必要なのか、どういうことを解決しないといけないのか、どんな能力が必要なのかを考えなければならない。

以上のことを、今回は自治体職員のあり方に焦点を当てて考えていくこととする。

（2）自治体職員のあり方と地域熟知

「ちいさいからこそ」という思いを実現させる際に、自治体職員には何が必要なのか。どんなことを解決しなければいけないのか。そして、そのためにはどんな能力が必要なのか。

「ちいさいからこそ」の住民と自治体職員の距離感を考えた際、自治体職員には「地域」に対する「熟知」、「熟知しようとする姿勢」がまず必要であると考える。自治体職員が地域を「熟知」し、地域の問題を具体的に把握し、住民と自治体職員の間でその問題を共有することが、住民と自治体職員の距離感を縮める要因の一つになるからである。自治体が大きいよりちいさい方が「熟知」するには有利である。面積及び人口ともに「ちいさい」方が有利である。「熟知」は自治体職員の姿勢にも左右されるが、物理的に住民と自治体職員が近いことは「熟知」にとって有利である。

筆者は自治体職員が地域を「熟知」することは、自治体職員の一種の専門能

力であり、その専門能力を「地域熟知」と呼んでいる。地方分権化により各自治体は大きな権限を得つつあるが、体制の整っていない自治体では権限を持て余してしまう状況にある。その権限を活かす為にも、自治体職員には一般的な知識及び技術に関する専門能力に加え、自治体職員が地域を熟知しているという専門能力が必要である。

　「地域熟知」は、自治体職員が直接地域で習得するしかなく、地域に出て、住民と対話することで地域の実状、問題を把握し、その積み重ねで深まる。技術及び知識に関する専門知識は、一般的な研修や学習で得られる技術のことである。例えば、法令及び条例に精通していること、会議の進行やワークショップを導入する際のファシリテーター能力、参加者を募る際の広報、チラシの作成能力などである。技術職員及び現業職員においては、その分野の技術及び知識である。それぞれに必要とされるこれらの技術や知識は、業務を円滑に進めて行く上で、重要な専門能力である。地域熟知については、地域の人、ネットワーク、地理、産業、分化、歴史、資源などを熟知することでその地域に特化した問題に対し、政策形成、人材の育成、新しいネットワークの形成、住民の不安除去などをおこなうことができる能力である。時には、その能力は組織をも動かす。

　それだけに、自治体職員は地域をマネジメントするために、地域に出てどのように住民の中に入り込んでいくかが課題となる。例えば、自治体は事業の一環として様々な会議、説明会、イベント等を行っている。その際、地域を熟知せずに、形式的に事務を進めてしまうと本来の目的に到達しない事業になってしまう。とくにスケジュールに余裕が無く、自治体の都合のみで一方的に企画し、形式的な周知だけに留まると全く無意味で温度の感じられない事業となってしまう。

　参加を試みる住民には、不安や障害が存在する。その不安や障害は様々であり、地域を知らないと把握できないことが多い。自治体職員はその不安や障害を取り除くことも視野に入れる必要がある。自治体及び自治体職員の姿勢により、住民の自治体に対する愛着は変わってくる。真山達志は、「生まれ育った町であっても、近隣の市町村に比べて行政サービスが大きく劣っていると、その

第2部　合併しなかった自治体の実際～住民視点を中心に～

町への愛着は冷めてしまうだろう」と述べている（真山［2001］164 ページ）。

　自治体職員が地域を熟知し、そして住民に寄り添い、住民と自治体職員の距離感が近い政策を形成して行くことが、魅力的な自治体創造につながっていくのではないかと考える。

（3）自治体職員の「手続的責任」と「内容的責任」

　自治体職員の専門能力の一つとして「地域熟知」について述べた。一般の職員であれば誰もが有しており、それを得る機会がある。専門能力といっても自治体職員にとっては、当たり前のことかもしれない。しかし、自治体職員が様々な専門能力、意欲を有していれば、地域の諸問題が解決できるか、住民ニーズは満たされるかと言えば、それだけでは難しい。

　専門能力を生かすも殺すも自治体職員の資質が問題となる。「地域熟知」について言えば、地域を熟知していてもその熟知を問題解決に活かそうとする資質がないと、地域の諸問題解決、住民ニーズの向上には繋がらない。その自治体職員の資質とはどのようなことか。さらに、具体的には実務の現場においてどのようことをいうのか。実務の現場において、ただ単に意欲があるだけでは前に進めない。前に進むことは何らかの影響を及ぼすことであり、リスクを伴う。当然、リスクは回避しなければならないし、その影響には公平性が求められる。それを考えだすと、その責任に対して消極的になり、意欲は自らによって否定されてしまう。資質がある自治体職員は、その必要性を認識し、伴う責任を理解し意欲的に取り組める人ではないかと考える。そこで、資質とは何か整理する必要がある。

　資質については、真山達志が「手続的責任」と「内容的責任」の責任類型を使って次のように説明している（真山［2001］187〜190 ページ）。以下の説明は、自治体職員が感覚、イメージで捉えていることを明確に説明している。「手続的責任」と「内容的責任」を、自治体職員間で共通事項として認識すれば自治体、自治体職員のあり方も変わってくるのでないかと考える。

（ア）手続的責任

　行政における民主性を確保するための具体的な手段として採用されるのが、法律による行政という大原則である。行政活動は、法令に規定された手続きに従って処理されることによって、その民主性を確保しているといってもよい。したがって、行政には常に法令に従って手続きを進めているかといった責任が問われることになる。これを「手続的責任」と呼ぶ。手続的責任は、法令・規則等の規定に忠実に従っているかどうかを問題にしているので、「合規性」という言葉で表現することも可能である。そこでは、法令・規則からの逸脱はいうまでもなく、法令の解釈に誤りがないかなどが問題にされる。

　現代行政においては、法令・規則に基づいた行政を実現するために、抽象的かつ一般的に規定している法令を的確に解釈し、複雑・多様な現実に正しく適用していく能力が大切である。それによって行政の合規性が確保されるのは間違いない。しかし、いくら合規性が確保されていても、そのために膨大な時間や費用を必要とするということになると、手続的責任を果したことにはならない。そこで、今日では、手続的責任には、合規性とならんで「能率性」も重視されるようになっている。与えられた最小の時間と費用で処理することである。処理可能な時間を上まわって時間がかかる場合は、手続における能率性が低いことを意味しており、それは国民（住民）の権利利益侵害になるのである。行政活動において、手続的責任は行政責任の中心であるといってよい。そのため、法律の知識や能力が重視される傾向がある。

（イ）内容的責任

　一方、法令や計画などが、どれだけ適正な手続を厳格に定めているかもさることながら、どのような価値を実現しようとしているのか、誰に対してどのような利益を生じさせようとしているのか、という内容面も重要である。自治体には、このような内容に関する責任が重くのしかかっている。そして自治体職員には、自らの職務遂行が規定どおり能率的であり、手続的責任が満たされていることだけでなく、内容に対する責任も要求されることになる。自らが担当している事業が、地域社会の問題解決に寄与しているのか、住民の満足をえているのか、といっ

たことに対して、関心を持ち、評価を加え、必要に応じて改める努力をすることが求められるのである。このような行政活動や行政の職務が目指している目的とその結果に対する責任を「内容的責任」と呼ぶ。内容的責任は、事業内容が社会に対してどれだけ有効であるかということを問題にしているので、「有効性」を扱っているといってもよい。

（4）自治体職員の資質と地域熟知

　地方分権化に伴い、自治体職員の内容的責任は高まりつつある。ただし、実務においては、上述の通り手続的責任が行政責任の中心である。

　手続的責任は、合規性と能率性からその責任の有無が明確であるため、しばしば「仕事をしているかどうか」の尺度に用いられる。しかも、組織内の自治体職員の保身が強いと手続的責任の合規性を重視する傾向にあり、住民のニーズとは無縁の業務を強調する。そのため、手続的責任を果たしていないと、内容的責任を伴う業務に取り組めない現実がある。形式だけが重視され、実質ないし内容が軽視されている。時には長期的スパンを伴う内容的責任は、同じ職場の自治体職員から理解されにくい。実際、実務は厳しく内容的責任に関する業務は余裕があれば行う、後回しの業務にされてしまいがちである。

　真山達志は、このことについて「個人的には業務に対して問題意識や疑問をもっていたとしても、組織メンバーとしてはそれを表明できないという現実がある」と述べている（真山［2001］193ページ）。職場及び自治体職員間に「手続的責任」及び「内容的責任」の理解、整理があることが好ましい。しかしながら、そのような職場、組織はまだまだ少なく、地方分権化の発展に伴い、その浸透が待たれる。

　以上の整理から考えると、地域熟知という能力を伸ばし活かして行くためには、自治体職員の内容的責任を果たそうとする資質が求められる。手続的責任が強調される中で、内容的責任に意識を置き、調和を保ちながらどう取り組むべきか。これが、現在における自治体職員の課題であり、地域熟知及び住民との距離が近い自治体職員に求められる資質だと考える。

5　住民と自治体職員の距離を縮める住民参加

　住民と自治体職員の距離については、物理的な距離もあるが、親近感及び信頼感といったことを表現する際にも距離を用いる。ここでの距離とは、親近感及び信頼感があり、共に問題解決に取り組む交流がある間柄とする。住民と自治体職員の距離はどう縮めて行くのか。その距離を、自治体職員が住民にどのようにアプローチして、縮めて行くかを考える必要がある。自治体職員が地域を「熟知」し、地域の問題を具体的に把握したとしても自治体職員のみで政策形成を進めていては、根本的な解決には繋がらない。また、自治体職員のみが解決に当たることは、能力的にも財政的にも限界に達している。さらに、地域の問題は地域に応じた解決方法が必要で、住民自身の力が必要となる。

　そこで、政策形成能力の一つであり、自治体及び住民が主体性を持って解決方法を模索していく手法である住民参加に着目し、自治体職員から住民へのアプローチである住民参加の場の設定について考えることとする。なお、住民参加については、「市民」及び「参画」を用い「市民参加」、「住民参画」、「市民参画」などと表現する場合もある。それぞれに意義はあるが、今回は区別しないこととする（今川 [2009] 34-35 ページ）。

（1）住民参加について

　住民参加は、1970 年に佐藤竺によって初めて提唱された理論である（佐藤 [1990] 130 ページ）。その第一人者である佐藤竺は、住民参加の理念について「住民の利害が対立し簡単には調整がつかない案件などに対し、住民が他人事のような傍観者の立場を取ることなく、積極的にその調整に乗り出して主人公としての責任を果たすこと」と述べている（佐藤 [1976] 130 ページ）。そして、住民参加を「行政の決定過程への参加、いいかえれば行政と住民による決定の共同化に意義がある」と説明している（佐藤 [1976] 50 ページ）。また、それに伴う住民の責任と行政の情報公開の必要性について「住民は、利害が多様化するな

かで、住民たち自身がその間の調整の責任を負い、決定に対する責任を分有しなければならない」、「住民ができるだけ正しい認識をもって臨めるように、情報の可能な限りの公開が要求される」と説明している（佐藤［1976］50ページ）。

（2）住民参加の意義

　住民参加は、住民の意思を政策に反映させることが狙いである。住民だけでなく自治体行政においても、地方分権化により政策の形成及び説明責任が求められている中で住民参加は有効となる。しかし、一般的に多くの地方自治体において政策形成能力は乏しく、能力の向上が進んでいないのが現状である。これは、今までの中央政府に依存する体質がまだ残っており、担当自治体職員が企画立案の経験及び能力を十分に有していないためである。

　そのような状況において、担当自治体職員だけで安易に政策を形成してしまうと説明責任に対応できなくなってしまう。また、説明責任を中心に考えていると、手続的責任に偏り、住民のニーズ、本来の政策の目的が見失われてしまう。本来、説明責任を行うことは当然のことであるが、最近の公務員批判などにより説明責任は大きな負担となっている。そのため実務の現場においては本来の政策のためではなく、説明責任のための仕事をしているケースが増えている。その結果、「何もしない」という選択肢が生まれ、政策形成は進まず止まってしまう。地域で問題解決に対する要望、熱意があっても、自治体が保身に走り都合の良い解釈をしてしまうと、その政策形成は延期、中止となってしまう。これは、効率性を重視し行政のみで政策を展開しようとするところに問題がある。住民と自治体が連携していないのである。連携をしていれば、政策形成に「住民ニーズ」が反映され、「説明責任」も説得力のあるものとなる。

　今川晃は、「民主主義にコストをかけたほうが、結果として効果的な政策選択、施策・事業選択、さらには行政運営が可能となり、効率性も高まるはずである」と述べている（今川［2014］13ページ）。このような理由から、住民及び自治体行政双方において住民参加を活用する意義があると考える。地域と自治体行政が連携する政策を進める手段として住民参加は有効である。また、住民参加がきっか

けになり、自治体職員が地域に出て新しい発見をする可能性を秘めている。

(3) 住民参加に関する自治体実務の問題（住民参加の場の作り方）

　住民参加を導入する際の、住民側と自治体側におけるそれぞれの問題について考えてみたい。住民側において参加に積極的な人は、時間及び生活に余裕がある人、自己犠牲を惜しまない人、その問題に直面し活動を強いられている人に限られる傾向にある。個人の経済活動が中心であり、「労力と時間」を費やし活動し、参加する人は少ない。住民の間で誰が参加するのか、誰が代表になるのかといった調整を試みると、その費用、時間、補償などをどのように捻出するのか、そして、まずその調整は誰が行うのかという問題が浮上する。自治体側においては、予算、人員削減中心の行政改革により、自治体職員には余裕がなく、自分の効率だけを考え、仕事の内容及び効果並びに地域及び住民を見ることは二の次となる。その結果、本来の目的が見失われ、地域発展の可能性のいくつかは、残念なことではあるが、この段階で消滅している。

　筆者はこの点に、現在における住民参加の課題があると考える。日中仕事を持っている住民の生活などを考慮すると、自治体の都合にあわせ簡単に参加はできない。今川晃は、「積極的に参加する個人はともかく、生活に追われ行政に対して発言する機会が持てない人等も含めて、いわゆる社会的な弱者の立場におかれた場合に、このような人々の人格の尊厳を我々はどのように考え、どのように対応していくかの問題である」と述べている（今川［2011］iiページ）。そして、住民は無報酬であり、「時間と労力」を犠牲にすることにためらいがある。自治体職員は、余裕がないが少なくとも無報酬ではない。ただ、注意を要するのは有償、無償の話ではない。

　強調したいのは、発展の機会があるにも関わらず、自治体及び自治体職員が住民参加の効果、効用を理解せずその機会を自ら断っている点である。住民参加の主旨を理解し、積極的に住民参加を進めるのが自治体の役割である。自治体職員が、その努力をしないと住民参加は成り立たないと考える。住民参加は、自治体による場の設定、一定の公共活動及び支援がないと機能しない。つまり、

住民参加に対する自治体及び自治体職員の考え方が問われる。まずは、自治体職員が受け身ではなく自治体内部から進んで取り組む必要がある。住民参加の場をつくる自治体職員が、参加に対する労力、費用、時間、補償、そして住民参加の意義を説明し参加しやすい環境を整えることにより、住民のためらいを払拭できれば住民参加は活性化するのではないかと考える。

(4) 責任に満ちた住民の意見（産山村での意見交換会から）

再び、産山村のシンポジウムの話に戻る。シンポジウムでの意見交換会の場は、公式ではなかったものの、住民参加の場であったと考える。村役場職員も参加し、住民の意見が自治体側に少なからず届いたと考える。

ここで、意見交換会の中で出た一つの意見を紹介したい。住民自治意識の高い意見であり、責任の意識も高い。

> 我々の生活は、仕事がないと始まらない。南阿蘇市にしても産山村にしても農業が主力だが、農産物が自分たちの売りたい値段で売れない。そこが厳しい。実際に生産者としては、この値段で売れるという計画が立てば、生産量も増やせる。子ども達にも「農業を継いだら儲かるよ、食べていけるよ」って言える。そういう値段をきっちり計算して、その値段で買ってくれるお客さんを見つけたい。そのためにも、適正価格を決めたい。例えば、米の場合、産山村でも田んぼの所有の違いによって変わってくる。だから、その根拠として時給で考えたい。時給にして、2000円相当である。草刈り、何をしても2000円ぐらいと考え、それをそれぞれの場所で考える。そのように生活から適正価格を考えたい。今まで、自分の仕事（農業）を時給で考えたことはない。時給2000円で、年間2000時間はたらくと年収400万円、他の仕事、サラリーマンと比べても遜色ない。それぐらいの仕事と認識しないと、仕事をしない方がいいじゃないかと考えてしまう。いかに、そのような気持ちにならないようにするかが必要。時給から換算して、自分たちのビジョンを作ること、それがこれからも続けていくために必要だと考える。

ちいさな産山村の住民からこれだけ自分達を見つめた熱い意見が出た。そして、この意見には、ビジョンがあり責任に満ちている。自治体職員は、自分の担当する仕事に対し、何を目標にどの程度進めて行けばよいか不安になる。このように住民から責任を分有した意見が示されれば、その不安はなくなる。住民参加は、このような両者の距離を縮める機能も持つ。自治体職員が住民の意見を熟知する機会でもある。そのためにも、自治体職員は住民参加を積極的に活用し、自治体には導入する政策が求められる。

6　魅力的な自治体創造の実現に向けた課題と展望

本章では、合併しなかったちいさな自治体をとりあげ、「ちいさい」というメリットを活かし、どう取り組んでいくべきかを自治体職員を中心に考察した。そして、そのメリットは、ちいさいからこそ自治体職員がより地域を熟知できる点（地域熟知）であることを述べた。

地域熟知については、自治体職員の内面的責任を果そうとする資質が必要であり、具体的方法として住民参加を導入し問題の共有化を図ることで、住民と自治体職員の距離感は縮まり、双方に自治意識が育まれることを述べた。今川晃が言う「まず個人や家族のレベルで取り組むこと」、「住民は日々の生活に追われ、ひとつひとつの政策形成過程に主体的に参加する余裕が無い」といった、住民の人間味のある点、社会的な弱者の立場、いわゆる住民のさまざまな生き方を熟知の対象とすべきである（今川［2011］2～3ページ）。

しかしながら、「手続的責任を果たしていないと内容的責任を伴う業務に取り組めない現実」があると述べ、「調和を保ちながら取り組むべき」としか言及できていない。これは、前向きな自治体職員の自己犠牲に上になりたつものであり、その原動力となるものまでは明らかにしていない。本来、今川晃が述べているように、自治体の主人公としての住民は、自分の権利の主張だけでなく、社会の公共管理に関する責任の自覚がもとめられる（今川［2010］7ページ）。しかし、効率性、能率性、民間委託が重視される自治体運営及び住民生活において、個

人主義と利己主義を履き違え自己利益追求の生活に埋没し、目先の事しか考えないフリーライダー的な考え方をする人が住民のみならず自治体職員にも増えている。そのような人たちには、住民参加を含む地域活動が自分の時間、労力及び費用を費やし、あえてリスクのある場に出ていくだけの無意味な活動と映っている。それは、地域が行き詰まっていくことを意味している。

　真山達志は、「民間信仰」という言葉を用い、「民間は競争原理に晒されているために、常に創意工夫をし、無駄の排除や効率化のための努力をするものであるという一種の『信仰』がある。このような考え方が全て誤りだといわないが、極端な『民間信仰』は冷静かつ公正な判断を見失う恐れがある」と述べている（真山［2017］13ページ）。

　また、今川晃は、「行政サービスの効率的運営を優先させたため、住民を主人公に据えた民主主義のシステムづくりにコストをかけることを回避してきたのである。合併した市町村だけではないが、『協働』の名目のもとで、自治会やＮＰＯが依然として下請け的に使われているという批判を、市民団体からよく聞くところである。これも、効率化という発想を前提としているためであり、民主的なシステムにどのようにしたらつくりかえていけるのか、という観点が必要とされるところである」と述べている（今川［2011］ⅲページ）。

　自治体職員間で問題解決ができていないことの責任を、住民に求めるのもまた困難である。そのためには、まず、自治体及び自治体職員が再度「住民自治」、「地方自治」の本質を理解することが必要である。そして、自治体職員から進んで民主的なシステムづくりに取り組む必要があるのではないかと考える。

（参考文献）

今川晃 (2003)「ネクスト・ステップへのシナリオ 愛知県足助町」『月刊自治研』第 530 号、14—20 ページ。

今川晃 (2009)「自治の基盤（住民参加）」今川晃・馬場健編『市民のための地方自治入門［新訂版］』実務教育出版、2009 年、34-47 ページ。

今川晃 (2011)『個人の人格の尊重と行政苦情救済』敬文堂。

今川晃編 (2014)『地方自治を問いなおす－住民自治の実践がひらく新地平－』法律文化社。

牛山久仁彦 (2003)「合併協議は何のためか」木佐茂雄監修 / 今川晃編『自治体の創造と市町村合併』第一法規、2003 年、27-37 ページ。

産山村ホームページ「産山村の概要」

(http://www.ubuyama-v.jp/summary/ 最終アクセス 2017 年 6 月 25 日)

木佐茂男監修 / 今川晃編 (2003)『自治体創造と市町村合併－合併議論の流れを変える 7 つの提言－』第一法規。

佐藤竺 (1976)『転換期の地方自治』学陽書房。

佐藤竺 (1990)『地方自治と民主主義』大蔵省印刷局。

佐藤竺監修 / 今川晃・馬場健編 (2010)『市民のための地方自治入門（新訂版）』実務教育出版。

真山達志 (2001)『政策形成の本質』成分堂。

真山達志 (2017)「あるべき政策デリバリー・システムを考える」公職研編『地方自治職員研修』公職研、2017 年 5 月号、12-14 ページ。

第9章　震災復旧・復興にかかる連携と課題

矢野　由美子（特定非営利活動法人ふうどばんく東北 AGAIN 理事）

1　はじめに

　ここに書く災害は、この復興は、過去の話であり、未来の話である。合併をしなかった町村の、小規模であり続ける自治体で暮らす私たちの、明日かもしれない話である。小規模自治体で生きる明日の自分へ備忘録として記しておきたい。

　シンポジウムのグループ意見交換会では、「震災復旧・復興にかかる連携と課題」というテーマで 11 名が参加し、約 40 分間の意見交換を行った。このテーマに関して、地震・津波による災害の多い東北に住み、自身の経験や周囲との話によって得られた問題意識を持っていた。まず、東北の自治体職員を中心に私がこれまで聞いてきた意見と、このシンポジウムに集った人たちの意見にどういう差があるのか。「震災を経験して、合併しなくて良かったこと、良くなかったこと」を尋ねた。そして、産山村周辺では、4 月に最大震度 6 強の熊本地震、6 月には豪雨、10 月には阿蘇山の噴火による降灰の被害があったが、そうした自然災害がいつ、どこで、また発生するか分からない。日本が災害列島であると実感している。もし熊本地震と同じ規模の災害が産山村で起きるとしたら「震災を経験した私たちだからこそ考えられる、私がやっておこうと思うこと、誰かにやっておいたらよいと伝えたいこと」という問いかけを通じて、参加者に自分を主語として考えてもらうと同時に、この場にいない多くの人、一人一人に伝えたいことを引き出したいと考えた。

　この章では、まず参加者の発言を紹介し、次に私自身これまで経験したり見

たり聞いたりしたことを記述し、最後にそれらのことから得られた教訓や広く伝えたいことなどを記録したい。

2　グループの意見交換

グループの参加者は、シンポジウム前半のパネルディスカッションに出演した、原島さん、小泉さん、渡辺さん、産山村役場総務課のＩさん、消防団に所属するＴさん、近隣市町から老人施設長のＵさん、議員経験者で教育に関心のあるＴさん、消防団長として熊本地震に対応したＳさん、NPOに関わるＴさん、そして京都から今川先生の奥様と、宮城から矢野の11名であった。自己紹介を兼ねてパネルディスカッションの感想を話した後、論題に入った。

（1）震災を経験して、合併しなくて良かったこと　良くなかったこと
（合併自治体の視点）

住民が行政頼りで、自立した行動があまり無かった／避難所に派遣される職員が日替わりで交代していて、避難者との人間関係が希薄であった／消防団員が、上からの指令が無いからという理由で、地域にまわってこなかった／大学があり学生が多かったので、非常時に若い人たちがパワーを発揮した

（非合併自治体の視点）

安否確認が容易であった。地域の住民同士が家の間取りも知っていて、どの部屋でお年寄りが寝ているかも分かっていた／避難した公民館では、住民同士の地域連携がもともと密であったので、マニュアルが無くても自主的に、おにぎりを握ったり食べ物を持ち寄ったりして、人が集まれば宴会を始めていた／役場庁舎や職員が被災した際、職員数が少ないため、すぐに行政機能が麻痺してしまった／国との連絡や部署間の情報整理、罹災証明書発行の窓口対応など非常時に新たにしなければならない事務の量に対して職員数が圧倒的に少なく、他の自治体からの応援職員やボランティアへ仕事を振り分けることすら出来な

くなった／罹災証明書の発行など事務に遅れがあり、益城町の人は合併すればよかったと言っていた

（2）経験したからこそ考えられる私がやっておこうと思うこと、誰かにやっておいたらよいと伝えたいこと

　被災直後、まずは自助、そして共助である。自分の身を自分で守ること、次に地域を自分たちで守るため、自主防災組織の確立を急ぐべきである／配布された食料の持ち帰り方など、市民としての品性が問われる／井戸水、プロパンガスなど、各自で確保できるライフラインを持つとよい／人材も含めた地域資源をマップにおとしておく／自主防災組織には役場機能分も入れ込んで、包括的な組織体制を作っておくべき／転入者も組織に入るよう勧めて、孤立者を減らす努力をする／行政は職員を被災地派遣して復旧・復興にあたる経験をさせておく（他所が困っているときに手伝うことは、将来の自分のためにもなる。また交流研修になる、組織風土を突破する力になる）／対向支援しあう自治体連携を作っておく。応援の受け入れ体制を考えておく／県では被災自治体の行政が全機能麻痺することを前提に応援体制を準備する

　この意見交換を通して、小規模自治体の強みは、共助の部分にあると感じた。この共助は、被災直後の救出、避難所運営などで発揮された。一方、公助となると小さな役場ほど機能麻痺に陥りがちとなり、特に罹災証明書の発行、建物の被災判定など物量をこなす必要のある事務に苦慮している。

3　震災と復興（合併自治体と非合併自治体）

　過去の事例として、岩手・宮城内陸地震（2008年6月14日）での栗原市、東日本大震災（2011年3月11日）での石巻市を中心に、東北が経験した震災と復興を振り返る。

第9章　震災復旧・復興にかかる連携と課題（矢野由美子）

（1）合併した自治体（栗原）

　岩手・宮城内陸地震は2008年6月14日、岩手県内陸南部を震源に発生した。マグニチュード7.2、宮城県栗原市と岩手県奥州市で最大震度6強を観測し、栗駒山麓で大規模地滑りや土砂崩れが多数発生した。死者は17名、いまだ6名が行方不明である。

　栗原市は被災の3年前、2005年4月1日に合併していた。築館町、若柳町、栗駒町、高清水町、一迫町、瀬峰町、鶯沢町、金成町、志波姫町、花山村の9町1村による新設（対等）合併、宮城県の合同庁舎などが置かれている旧築館町役場を新しい事務所の位置とし、一部分庁方式を含む総合支所方式である。そこに地震が発生し、旧栗駒町、旧花山村を中心に大きな被害が出た。人的被害は死亡13名、行方不明4名を含め重軽傷あわせて197名にのぼった。栗駒山の一部が大きく崩れ、土砂被害83カ所、道路被害572カ所、崩壊を含む橋の被害26カ所であった。

　それぞれの支所にいた職員は復旧にあたり、本庁舎や他支所からの応援体制が早急に組まれた。職員からは後日談として、旧町村役場では人員の面でも建物や機材の面でも到底対応しきれなかった、という感想を聞いた。応援に来た職員は、同じ市の職員として他人事でない意識があり、応援する側もされる側も同じ首長の元で指示系統がはっきりしていたため、効率よく動けたという。また、発災直後には地元職員・応援職員も含めた勤務体制が短いローテーションで組まれたことで、職員が各自の家族や自宅のことに時間をとることもできたという。

（2）合併した自治体（石巻）

　一方、東日本大震災は2011年3月11日に発生した。三陸沖を震源に、マグニチュード8.8、宮城県栗原市で最大震度7を、宮城、福島、茨城、栃木の4県28市町村で震度6強を観測した。岩手、宮城、福島の太平洋沿岸で10mを超える津波が到達し、津波を主な原因として全体の死者は15894名、いまだ2550名が行方不明である。大袈裟な言い回しには慎重な地元新聞で「壊滅」と

第2部　合併しなかった自治体の実際〜住民視点を中心に〜

いう文字を見たときのショックは言いようもない。

　その被災自治体の中で石巻市は地震の6年前、栗原市と同じく2005年4月1日に合併していた。石巻市、河北町、雄勝町、河南町、桃生町、北上町、牡鹿町の1市6町による新設合併であったが、実質は旧石巻市への吸収合併で、他6町を総合支所としていた。東日本大震災は津波による被災が大きく、海に面する石巻市の被災は、旧市町の全てにわたった。死者3181名、行方不明420名、建物は全壊、半壊というより津波による流出、倒壊し、本庁舎そのものも津波によって浸水して機能不全に陥った。

　情報発信、各所へのSOS発信は、市町村単位にならざるを得ないため、女川町は「女川町へ支援物資市をお願いします」と発信するが、旧牡鹿町は「石巻市の一地域」に埋もれてしまう。市の中心部と周辺部に格差が生じていた。支援物資が石巻市に届いても、それを振り分けるマンパワーが石巻市に無ければ旧牡鹿町まで届けられない。実際、旧牡鹿町の地区では支援物資が届くまで数日かかり、孤立した地区が多数あった。

　交渉窓口についても同様のことがある。被災者の対応をする窓口は旧町単位の総合支所にあるが、様々な決定権や判断は本庁で行う。国や県と直接交渉するのも市町村単位である。発災直後から復旧、復興と段階ごとに、被災者のニーズが移り変わっていくが、これら発言も交渉も決定も、被災者の窓口から何段階も経た先の遠いところで行われていて、小さい単位の地域視点では結果が実感できない。または効果が薄まっていたりタイムラグが生じたりすることになる。一方で、同じ事象を大きくなった市単位の視点でみると、大きさ故に発信力が増したり、発言を尊重されたり、ということでもあった。

（3）非合併自治体（七ヶ浜でのフォーラム）

　東日本大震災の被災地の中には、非合併自治体もある。宮城県内の沿岸、津波被災地としては、松島町、七ヶ浜町、利府町、亘理町、山元町、女川町がある。そのうちの七ヶ浜町で震災の8カ月後に筆者が主催したフォーラム「復興と住民自治」を紹介する。

第9章　震災復旧・復興にかかる連携と課題（矢野由美子）

　東日本大震災の被災地では、国・県・市町村が復興基本方針や復興計画を策定した。被災地の住民には国・県・市町村3層の計画が関わってくるが、どの計画が暮らしのどこに影響するのか、自分の考えをどこに訴えればいいのか、曖昧な理解のまま、知らないところで復興計画の策定が進行していた。「これから復興する被災者自身の地域の計画を、住民の理解が深まらないまま、国や県や市町村で策定してしまっていいのか。被災直後は、自分と家族が生きていくことに精一杯で、地域や将来のことまで考えられないとしても、数年後にふと顔を上げて辺りを見回したら、住民が意図していない町並みが金太郎飴みたいに散在していたら、もう取り返しがつかないのではないか。」そういう危機感から、夫を巻き込んで夫婦で企画したが、被災地である宮城県七ヶ浜町をはじめ出演者からも快諾を得て、国の復興方針、県と町の復興計画と3層の復興図を見て、住民は自分たちに何ができるか、どう声を上げるべきなのか考える機会を得た。その中の議論や質疑から、震災8カ月後の七ヶ浜町で課題となっていたことは、財源や規制、国・県・市町村の権限が入り組んで復旧を遅らせていることであり、それに対する住民の苛立ちがあった。俎上にのった話題を列挙すると、

　被災した土地の買い上げ価格や方針について／復興計画の策定段階で情報が足りないこと、住民の意見が反映されるよう要望すること／早く決定しないと他市へ避難した住民が戻って来なくなることへの懸念／被災地で雇用を取り戻すこと／がれきの処理／被災住民自身、行政に過大な支援を期待している部分もあるが、どこまで期待してよいのか、被災時における住民と行政の役割が明確でないこと／在宅被災者も、仮設被災者同様に困窮していることへ理解と支援が不足していること／仮設住宅の設備が岩手と宮城で異なっていること。二重サッシや玄関のひさし等の雪国仕様が岩手では初めから整っているのに、宮城では出来ていなかった。

　最後の点について、仮設住宅の設置戸数が多い宮城県では、最低限でも住める仮設住宅を一刻も早く建設することを優先した結果だという説明と、もう

一つの見解が出された。当初、国では仮設住宅にどれだけお金を出すかという基準を明確にしていなかったため、宮城では国が明らかにするのを待っていたが、岩手では後から請求すれば出すだろうとの判断で設置を先に始めたという。

非合併自治体として被災した8カ月目の議論はこのようなものであった。

4　筆者が聴いた・見た・体験した震災・復興（行政の視点から）

行政とは建物であり、行政職員の集まりであり、パソコンであり、書類である。それらは、災害が発生した時、一般の人、不動産、動産と何ら変わりなく同様に被災する。同様に情報から遮断されるし、同様に支援物資を受け取らないと食べていけない。そして、いざ災害が発生すると、災害対策基本法、災害救助法、消防組織法等に基づいて、平時とは異なる多岐にわたる業務が行政に求められる。この地震の震源地は、震度は、被害規模は、誰を救出すべきか、誰に救援を求めることが出来るか、役場庁舎に入れない、電話回線がつながらない状況で、どうやって情報収集し、誰に連絡をとるか、判断し実行しなければならない。

（1）職員不足

複雑多岐にわたる膨大な業務を求められる市町村行政で最初に課題となったのは職員不足である。これまで、行政改革として職員定数を削減し、平時でギリギリの運営をしてきていた。特に合併した地域でこの問題が顕著で、或る市では、合併前1500人の町に100人の職員がいたが、合併して支所になり10年を経て、今、職員が15人になったという。

宮城県では壊滅的な被害を受けた市町村に対する支援として、自治法派遣による支援（自治法252条の17）、事務の委託による支援（自治法252条の15）、私法上の契約による支援、広域連合等を組織することによる支援、などが検討されたが、市町村長の指揮の下で市町村の権限・事務として執行するため自治法派遣による支援が適切であると判断された。

（2）住民基本台帳法施行条例の改正

　安否確認には住民基本台帳、罹災証明書を発行するには固定資産台帳など住民に関するデータが必要であるが、津波等によって保有するデータが消失した町もあった。住民基本台帳法の都道府県における本人確認情報等の利用の一つ「条例で定める事務を遂行するとき」の規定により、県の住民基本台帳ネットワークを利用して、市町村に住民情報を提供できるよう、施行条例を改正して対応した。ただし、DV被害者など個人情報を守るべき事情もあり、今後の運用に注意が必要である。また、このように、非常時を想定していない法令を、非常時のさなかに、定数削減でギリギリの人数でやっている職員が、現場の安否確認をし、支援物資の聞き取りと発信と受け入れと配布をし、ボランティアの受け入れもしつつ、自宅の片付けもできないまま、運用し解釈し条例改正することは大変である。

（3）自治体間連携のかたち

　いち早く応援に駆け付けたのは、姉妹都市や首長・職員同士の連携で日頃から関係のある自治体である。個人的に連絡を取り合ってニーズを把握したり、首長の独断で直接現地に派遣したりした。地理的、地形的な条件が異なり、ある程度距離の離れた自治体と災害時の協定を交わしておくことは有効であった。

　また、関西広域連合は阪神淡路大震災の被災地であるからこそと、いち早く緊急声明（2011年3月13日付け東北地方太平洋沖地震支援対策にかかる関西広域連合からの緊急声明）を発信し、「避難者へのこころのケア対策、全国から集まるボランティアの調整、建物の応急危険度判定等のための職員のほか、復旧・復興段階では、土木・建築、農林水産等の技術者等の派遣などについても対応していく」と応援要員の派遣を表明、関西広域連合の構成府県が岩手、宮城、福島に対して現地連絡所を開設してニーズを把握したり、対向支援の形をとったりするなどのリーダーシップを発揮した。

(4) 被災者と受け入れ施設のマッチング

　住宅の土地や建物が被災した場合、避難所の次に仮設住宅の整備が完了するまでのつなぎとして2次避難をすることがある。宮城県内で比較的被災の少なかった内陸部では、公民館で沿岸部被災者を受け入れられるように住民行政一体となって準備を整えたが、被災者と受け入れ施設のマッチングを県に要望するも、タイミングやニーズが合わずに結局1人も受け入れられなかった例がある。大規模災害の時、それぞれの組織がキャパシティー以上の仕事をしている状況下では、他の組織（この場合、県）に要望する時間があったら、自治体間の直接の連絡で自らコーディネートするほかない。行政内部に浸かっていると、公平性が先に立って、一部の地域だけ支援することを躊躇しがちであるが、多様な人たちが多様な方法で多様な被災者を支援するのが、被災直後のあり方ではないか。非常時に行政が平等や公平に拘っていると、災害対応の妨げになりかねない。

(5) 公平性の鎖

　公平性は、多くの避難所でも問題となっていたことがある。支援物資・食糧が避難者全員に行き渡る数量に満たない場合、配布しないという行政判断である。信州高原にある自治体からレタスがトラック2台分、宮城県内の被災自治体に届けられたことがあった。被災直後は乾パンやおにぎり、温かいカップラーメンが有り難かったが、数日経てビタミン不足が言われ始め、しかし生野菜がなかなか手に入らなかった時期である。首長や行政の組織風土によって受け入れ判断が異なった。ある自治体は「どれだけあっても多すぎることはない。避難所に持っていけばあとは住民で分け合うだろうから、もらえるだけもらいたい」と言い、また別の自治体は「行政が提供するからには平等に行き渡らなければならないし、安全に責任を持って栄養士が調理しなければならない。ただ、調理する人手も限られることから、10玉程度で十分です」と言った。この時、シャキシャキの朝採りレタスを避難所で食べられるかどうかは、行政の判断にかかっていたのである。

第9章　震災復旧・復興にかかる連携と課題（矢野由美子）

（6）防災計画にのっていない問題

　防災計画に載っていない問題が、実際の現場では大きな障害となる。避難所運営や近隣自治体との関係など、細かい判断の積み重ねである。計画に無いこと、マニュアルにないことを想定外と言っても、誰に責任を転嫁しても、現場の問題はそのまま現場に存在する。そこで想像力を働かせ、柔軟に判断できる職員であるかどうかは、平時の人材育成の結果である。

（7）墓地埋葬法や行き倒れ人の解釈

　津波被災地の自治体へ求める物資を尋ねたところ、「納棺袋が足りない。なければブルーシートでも構わない」という訴えもあった。平時では警察が準備しているが、納棺袋、遺留品を入れる袋が不足していたため代替品としてブルーシートを市町村に求め、市町村でも足りないとして県や国に要望していた。

　墓地埋葬法では死亡診断書と死亡届を市町村長へ提出し、市町村長は受理し埋葬許可証を出さなければいけない。東日本大震災では、津波に流されたご遺体が多数あったが、当該書類の発行が追い付かず、また火葬や埋葬が条例で定められている場合、それに従うことも難しいことであった。

　また、行旅死亡人とは、ご遺体の住所などが判明せず、引き取り手のいない死者をさし、市町村が遺体を火葬し、保存して引き取り手を待つ。その費用は市町村が立て替えて支払うことになっている。海に浮く多くの遺体を自衛隊のヘリコプターが空路で面積の広い県の施設に持って行っていたが、その県の施設が所在する町の責任になるのか、海岸線に接する市町の責任になるのか、利害対立があり難しい結論を迫られた。

（8）国からの通知の山

　自治体法務を必要とした事案として、震災から2ヶ月で国からの通知が1000件以上、自治体に届いたという。平時の法制度では非常時に対応できず、特例措置を国が発したというが、それを見なければ自治体で法解釈・運用出来ないのか、判断してはいけないのかと思う一方で、現場の膨大な仕事量で思考停止に陥って

しまう一時期は、他者からの指示通りに動く方が効率が良いのだろうとも察する。しかし、その1000件以上の通知の中から、自分の自治体にとって要・不要の通知を選別する仕事が新たに発生していた。

　3月下旬に総務省から発した住民基本台帳事務の取り扱いに関する通知を一部抜粋すると、

（転入届関係）
問1　転入地の市区町村の窓口において、災害救助法（昭和22年法律第188号）の適用を受けた地域（以下「被災地域」という。）の市区町村の住民が、被災のために転出証明書を添付できずに転入届を提出してきたが、この転入届を受理してよいか。
答　　被災地域の市区町村の住民であった者から、住民基本台帳法（昭和42年法律第81号）第22条第1項第1号から第6号までに掲げる事項のほかに、届出をする者の出生の年月日、男女の別及び戸籍の表示を転入地の市区町村に届けさせることにより、転入届を受理して差し支えない。ただし、住民票コード及び戸籍の表示については、本人が記憶又は記録していない場合には、届けることができなくてもやむを得ないものとする。
　　　この際、戸籍と照合し、若しくは本籍地の市区町村に戸籍の記載事項について照会する、又は住民基本台帳ネットワークシステム（以下「住基ネット」という。）の本人確認情報を適切に活用する方法により、届出に記載された事項を確認した上で住民票の記載を行うことが適当である。ただし、本籍地の市区町村も被災地域であり戸籍の記載事項について照会を行うことが困難である場合又は転入地の市区町村においてコミュニケーションサーバ（以下「CS」という。）の使用ができない場合において、いったん転入届を受理し、住民票の記載をした時には、戸籍又はCSとの照合が可能となった段階で、できる限り速やかに、確認を行うことが適当である。

なお、詳細な取り扱いについては、「東北地方太平洋沖地震等に関する住民基本台帳事務の取扱いについて（通知）」（平成23年3月13日付け総行住第35号通知）を参照されたい。

といった問答が19問続く。すべてを流されてしまった被災者が転入したうえで住民票の写しを交付してもらいたいと窓口に来た際に、連日交代勤務の中で慣れない窓口にあたった職員がこの通知を隅から隅まで読むことができるだろうか。そして、役場自体が被災している状況で、この通知にある「住民基本台帳法（1967年法律第81号）第22条第1項第1号から第6号までに掲げる事項」とは何か調べ、「東北地方太平洋沖地震等に関する住民基本台帳事務の取扱いについて（通知）」（2011年3月13日付け総行住第35号通知）を読み返すことが前提とされている。

（9）住民の合意形成

　復旧・復興の着手する優先順位にしても、利害対立する課題の落としどころを探すにしても、自治体は住民の合意形成なしに決定できない。形式上、首長や議会の権限であったとしても、住民の納得をおろそかにしては、どこかのタイミングでしっぺ返しがくる。

　住民の合意形成、住民の意見を聴くこと、話しあうことは大事である。一方で、住民同士議論することは、時として対立を深める結果にもなる。地域の復興を考えることは現状変更することであり、そこに住む利害関係者の生活を不便にしたり、生業のかたちを変えたり、先祖伝来の土地を手放したりすることでもある。

　「住民満足」ではなく「住民納得」という考えがある。立場の違う住民の一人一人が満足できる答えは無く、また満足を求めれば青天井である。誰かが得をすれば誰かが損をする答えを話し合いによって導き出し、いかに納得を得られるか。この時に、ファシリテーターの技術が求められる。

(10) 平時こそ丁寧に

「平時からこの町の未来を考える環境があれば、非常時に復興に迷わなかったのではないか」「平時に出来ないことは、災害時においても出来なかった」という言葉を聴いた。いつ来るか分からない災害時に備えるというだけでなく、平時の仕事こそ丁寧に考えて向き合うということである。宮城県内の自治体職員は「役所にいて、市民からこれほど頼られたことはなかった。被災・復旧・復興の過程で行政が何をしているか市民に見えるようになって、市民と繋がれたという実感がある」とも言う。

5　筆者が聴いた・見た・体験した震災・復興（市民の視点から）

（1）弱者ではないサラリーマンの苦悩

弱者への支援ももちろん重要である。しかし、弱者と言われない一般のサラリーマンに不利もある。仕事を持っている人は、勤務先での責任があり、自身の生活のために買い物の行列に並ぶ時間が無かったり、自宅の片付けを後回しにせざるを得なかったりする。幼い子や老いた家族を家に置き去りにせざるを得ないなど、それぞれの事情や罪悪感を抱えていた。

（2）通信手段の確保

携帯電話は不通となった。そのうち充電が必要となるが、電気が通るまで日数がかかる。

自宅の電話機も、電話回線は復旧したとしても、電話機は電気で動くものがほとんどで、その際、電話は出来ない。旧式のダイヤルを回す黒電話は電気を使わないため、電話回線次第で使用可能となる。

複数の通信手段をもつこと、被災直後は通信できないことを想定しておくことである。

第9章　震災復旧・復興にかかる連携と課題（矢野由美子）

（3）路上生活者による炊き出し

　筆者は仕事を終えた夜に、何か手伝えることが無いかと関係するNPOの事務所へ行ったところ、路上生活者から豚汁とおにぎりを貰った。そのNPOは平時、路上生活者への支援の一つとして食料を提供していたが、震災時は路上生活者が働き手として集まり、事務所にある大鍋を使って近隣住民に炊き出しを行っていた。日常の助け合う関係は、支援する者とされる者が逆転しても、自然な形として続いていた。

（4）NPO法人ふうどばんく東北AGAINの活動

　ふうどばんく東北AGAINを設立していたことで、食料や食糧支援に関する情報、食糧支援をしようとする団体が集まることができた。
　当初の支援物資は、配ったらすぐに食べられるおにぎり、パン、水ほか飲料から、お湯があれば食べられるアルファ米、カップラーメン、レトルト食品、そして現地で炊き出しをする。また、赤ちゃん用の粉ミルクや離乳食、アレルギー対応食やペットフードなど、少数であっても、その少数者が生きるためには食べる必要がある。食糧のほかに、初期に必要だった物資としては、おむつ・ナプキン類（大人用、乳児用とも）、哺乳瓶消毒、アルコール消毒、ウエットシート、トイレットペーパー、ティッシュペーパー、マスク、かぜ薬、ビニール袋、ビニール手袋、乾電池、下着、靴下、衣類、紙コップ、皿、割りばし、ホッカイロ、ランタン、懐中電灯、携帯ラジオ、石油ストーブ、灯油、ガスボンベ、ガスコンロなどがあげられた。
　しかし、食料を運ぶにも、道路事情に課題があった。道路そのものが液状化現象やひび割れなどで破損していたり、土砂や津波によって埋もれていたり、緊急車両を優先するために一般車両の交通規制がかかっていることがあった。被災地でのガソリン入手が困難であることも問題でもあった。

（5）現実に合わなくなってきている助成制度

　震災から年月が経過する中で、被災困窮者数は減少しているがゼロではなく、むしろ複雑化し孤独化している。被災したことによる生活困窮者は、被災地にだけいるのでもなく、被災したことを表だって訴えるのでもなく、被災を端緒として体調悪化、離職、家族関係など様々な事情を背負い込み、支援制度の網から漏れたところに紛れて暮らしている。そのため支援を持続するための経費は、対象者の減少と比例しない。しかし助成金、補助金の制度は種類も予算額も減ってきている。また、明確な基準をもった「被災者」に合致しない生活困窮者は、被災者支援のための予算を使えないことが多いが、合致しないところにこそ被災困窮者がとり残されている。

6　産山村（非合併小規模自治体）の将来へ向けて

（1）小規模自治体だからこそ目指せる震災対応・復興
（困難な時こそ、食べ物を持ち寄って宴会出来る村）
　「避難所に食べ物を持ち寄って、誰ともなく調理し始め、飲み会をした。大変だったが、それもまた楽しかった。」と分科会で産山村民によって語られた。共助とは、こうした避難所運営なのではないだろうか。

（弱者がいち早く助け出される村）
　地域の中で、誰が普段何をしているか、いざという時何ができるかを知り合っていること。分科会では、家の間取りや、住民が普段居る部屋まで分かっていて、すぐ助け出すことが出来たという。地域の共助であり、普段から助け出される人間関係を作っておいた自助でもあるだろう。転入者・村外者を受け入れて、巻き込む村という視点も重要である。

（2）住民

　高齢者の力、モノが無い時代を経験した暮らしの知恵がある。他方、若者の力、柔軟な発想と行動に移す力も重要である。子どもの力、逃げようと言いだせる、本質を突いた発言で大人を動かせることもある。一人一人の顔が見える小規模自治体の地域だからこそ、一人一人の強みを生かす防災計画をつくることが大事である。

　そして、普段からの人との繋がり、地域コミュニティの存在価値を見直す。お互いの立場を想像し合うこと、そのためには日頃から話し合う、考え合う環境を作る。

　防災訓練が形式的になっていないだろうか。いつ、どこで、どんな災害が発生し、それによってどんな問題が起こるのか具体的に想定して、対応できる訓練を一人一人が考えながら行動することである。それが有事の自助に繋がるのである。

（3）議会・行政

　議会は被災直後、議論することを遠慮して、首長の専決処分を多く認めたが、非常時における議会の議論は足手まといなのだろうか。住民の合意形成をファシリテートする役割や、住民の考えを復興政策につなげていく役割など、復旧復興の過程にこそ議会の本来の役割があるのではないだろうか。空き教室でも議会は開ける。青空議会でも、早朝議会でもよいのではないだろうか。住民自治を守るという姿勢を、議会が見せることが重要ではないだろうか。

　行政は、縦割りにとらわれない連携で包括的な対応が重要である。住宅の被災程度、福祉制度の対象者になるか、仕事や収入の有無、など住民を仕分けて庁内の縦割りに当てはめようとしがちだが、困窮状況は多様で複合的であり支援制度から漏れてしまう住民がでる。また、少ない職員で住民を仕分けるために労力を使うくらいなら、目の前に来た一人一人に対応できるのが小規模自治体の利点ではないだろうか。自治体が小さいほど被災住民・被災地域と自治体行政は近くなりニーズの把握や細やかな対応ができる強みを持つが、一方で国

や県に対する発言力が小さく、また行政組織としての基盤が小さいために有事におけるマンパワーの点で弱みを持つと言える。その弱みを補うには、受援体制を構築すること、被災自治体同士の連携を柔軟に行うことである。

7　おわりに

　産山村を初めて訪れる筆者が、グループ意見交換でファシリテーターを務め、この原稿を書く機会を得た経緯を思い返すと、宮城県町村会に20年弱勤務し、小規模自治体（町村）に対する思い入れが強くあったこと、「小規模自治体」「住民自治」などを学んでいく過程で木佐茂男先生に出会い、自治体法務の視点を得たこと、そして、2011年の東日本大震災では自身が宮城県で被災し、住民や自治体職員の復旧・復興への苦闘に触れ続けていること、これが大きな要素なのではないかと思っている。

　合併も復興もその時その時でベストを尽くした選択は、それがゴールではなく、スタートであった。合併しなかった選択が正しかったのかどうか、この評価も、「今」の努力や工夫の先にある。合併しなくてよかったという自治体もあるだろうし、合併しておけばよかったという自治体もあるだろう。産山村に生きる人たちが、将来にわたって豊かな心持ちで暮らせるならば、非合併という選択は正解だったと言えるのではないか。そのための一つの指標として、災害列島にありながら自然災害と折り合いをつける暮らし、被災しても安心して住まい続けられる村ということがある。

　言葉にしないと伝わらないこと、忘れられることがある。言葉にすることで、次の災害が出来るだけ少ない被害で済むように、早く復旧復興できるように期待を込めて、東日本大震災、熊本地震などで見たこと、聞いたこと、経験したことから、書き留めた。

(参考文献)
自治体学会東北 YP(2012)『七ヶ浜町（宮城県）で考える「震災復興計画」と住民自治』公人の友社。

第3部
「合併しなかった自治体の将来を考えるシンポジウム」の記録

（資料編）

第10章　合併しなかった自治体の将来を考える
　　　　シンポジウム実施概要

1　テーマ
市町村合併をしなかった自治体の将来を展望する

2　開催趣旨
　1999年4月から2010年3月までの時限法として施行された「市町村の合併の特例等に関する法律」に基づいて、国は、合併特例債や地方交付税の合併算定替えなどの財政支援策をはじめとするさまざまな優遇措置を示して、「平成の大合併」といわれる市町村合併を強力に推進し、市町村の総数は1999年の3232から2016年には1718にまで大幅に減少した。その一方で、他市町村との合併を選ばず単独で生きていくことをきめた自治体も多い。

　平成の大合併から16年を経た現在、国や自治体、研究者などのあいだで合併の効果検証が行われつつあるが、その多くは合併の成功・失敗を問うものであり、そこで抽出された課題をもとに将来の自治体づくりをどうするかにまで踏み込んで考察したものは少ない。なかでも、合併を選ばなければ地方交付税の減少により生き残りは難しいとまでいわれた小規模自治体の現在と未来展望は、合併・非合併効果検証のなかでも大きなテーマであると考える。

　そこで、2003年に単独で生きていくことを決めた産山村において、合併しなかった自治体のこれまでをふりかえりつつ、地域の宝をいかして活力のある魅力的な村づくりをいかにして実現していくかを、地方創生ともからめて「官・学・民」の知識と知恵と体験とを総合して、はばひろく展望する。

3　開催期日

2016年11月13日（日）14:00　開始

　　　　14日（月）11:00　終了

4　開催場所

【シンポジウム】

「産山村基幹集落センター」　阿蘇郡産山村大字山鹿488-3番地

【交流会】

「ファームビレッジ産山」　阿蘇郡産山村大利585

5　主催：「合併をしなかった自治体の将来を考えるシンポジウム」
　　　　　　　　　　　　　　　　　　　　　　　　実行委員会

　　後援：熊本県阿蘇郡産山村

6　日程

【11月13日（日）】

（1）受　付　　　13:30～14:00

（2）主催者挨拶　14:00～14:05

（3）シンポジウム開催

　①趣旨説明…木佐茂男（ふるさと食農ほんわかネット・九州大学名誉教授）

　　　　　　　　　　　14:05～14:10

　②パネルディスカッション…14:10～15:30

　　ア、コーディネーター：今川晃（同志社大学教授）

　　　（今川教授が9月24日急逝されたため、実行委員会代表の土佐茂男が代行）

　　イ、シンポジスト

　　　小泉和重（熊本県立大学総合管理学部教授）…自治体財政からの面

第3部 「合併しなかった自治体の将来を考えるシンポジウム」の記録（資料編）

原島良成（熊本大学法科大学院准教授）…地方政府の自律の面
原田晃樹（立教大学法学部教授）…コミュニティ・地域活性化の面
渡辺裕文（産山村村議会議員）…合併しなかった満足と不満

③グループ意見交換会

（ファシリテーター＝議論を進行・充実させる係。カッコ内は
各グループのファシリテーター）

A：合併しなかったちいさな自治体の財政・財務上の課題・悩みは
（増田知也・同志社大学政策学部　助教（当時））

B：ちいさな自治体のよいところを徹底的に洗い出そう
（高木正三・ふるさと食農ほんわかネット・『ドリーム』編集長）

C：地域の暮らしと文化を支える地域共同体をこれからどうするか
（杉岡秀紀・福知山公立大学地域経営学部　准教授）

D：地方創生・ちいさくてもみんながイキイキと暮らせる村づくり
（堀田和之・岐阜県土岐市職員、同志社大学大学院博士課程）

E：震災復旧・復興にかかる連携と課題
（矢野由美子・特定非営利活動法人　ふうどばんく東北 AGAIN 理事）

各グループ報告…16:40 〜 17:05

④まとめ（総括）…原田晃樹　17:05 〜 17:15
（「ファームビレッジ産山」に移動し交流会）

（4）産山のあか牛を食い尽くす大交流会…18:30 〜 20:30
（地元でも入手困難な赤牛のため、会費は 3500 〜 4000 円、あか牛
以外の食材は地元有志提供）

司会　高木　正三

（ア）挨拶兼乾杯
（イ）阿蘇のあか牛の紹介
（ウ）南こうせつ『あの日の空よ』の映像と歌
（南こうせつ氏が 1981 年に初めて歌ったのが産山村）

　　　　（エ）俺にも喋らせろコーナー
　　　　（オ）お開き
（5）夜なべ談義タイム…21:00 〜　好きなだけ

【11月14日（月）】
　　上記「産山村基幹集落センター」　阿蘇郡産山村大字山鹿 488-3 番地
（1）みんなで語ろう…9:00 〜 10:00
（2）産山宣言
　　　＊11時解散の後、地元ならではのエクスカーション

【実行委員会】
「合併をしなっかた自治体の将来を考えるシンポジウム」実行委員会
　　☆ふるさと食農ほんわかネット　（代表：徳野貞雄熊本大学名誉教授）
　　☆特定非営利活動法人「産山守り人の会」

　　　　　　　　　　　　　　　　　　　　　　　　　　　　　　　以上

第11章　産山(うぶやま)宣言
（実行委員会宣言）

　私たちは、2003年秋、町村合併に揺れる産山村（当時の人口約1800人）で「小さな自治体の可能性と展望」との表題でフォーラム（基調講演及びシンポジウム）を開催し議論を行った。このフォーラムの後、産山村は住民投票を行い、近隣4市町村との合併案が賛成4割にとどまったため、結局、単独（非合併）の村として生きる道を選んだ。大規模町村合併を行っても、大きなメリットが予測、期待できないという、やや消極的観点からの単独路線決定とも言えるものであった。

　今回、単独の村として生きる道を選んだ産山村の13年間をふりかえり、「地域の宝を生かして活力ある魅力的な『村づくり』をいかにして実現していくか」を、はばひろく展望する目的でシンポジウムを開催した。シンポジウムでは、平成の市町村合併でもっとも重視された財政問題を含め4名（研究者3名、村議会議員1名）が報告を行い、その後、参加者全員が5つのグループに分かれて討議を行い、産山村の現状と課題を論じあった。

　その前提として、無記名アンケートを実施し、村民約80名から産山村の現状への想いや要望などについて回答が寄せられた。アンケート回答者のプライバシーと心情に配慮し、回答用紙はすべて本人が封書に収めた後に回収し、それをランダムに開封し集計する方法を取った。

　このアンケートは無記名なるがゆえに、自由に書いた自己評価書であり、村の自治や行政に関する深刻な問題提起と、新たな創造への貴重な資料となって

いる。このような肉声とも言える筆記回答はきわめて有意義であった。そこから村が独自の政策を持ち積極的に単独路線を選んだのではなく、結果論としての単独であったことが窺われる。回答の中には、「隣接町村と合併をしたほうがよかった」と今でも考えている住民の声がある一方で、単独で残ったことについて「隣接自治体住民からうらやましがられている」という住民の報告もあった。

　また、アンケートから村政の最大の課題が、種々に存在する村の自然資産、人工資産及び人材のネットワークを、現状として十分活かせていない点であることが浮き彫りになった。その背景に、現在ではわずか1500人の村でありながら、名前も相互に知らない住民がいる一方で、2016年の熊本地震では、独居老人や老夫婦が寝ている部屋がどこか、近隣の者がわかっていたため、その高齢者等の救出が比較的容易に進んだ実態も明らかにされた。個人のプライバシーと防災活動が衝突する場面であるが、いわゆる限界的集落地域に住むことで「生(せい)」の保障が得られているという側面があるということであろう。他方で、住民間でものを言いにくい雰囲気がある、という批判もあった。今回のシンポジウム参加者はこの無記名アンケートを読みつつ討議を行った。

　当日の議論では、研究者からの報告により、合併しないことによる財政的弊害はほとんどなかったことが示された。もし合併していた場合、産山村は地形的に合併市の周辺部に位置することから行政サービスが低下していたものと考えられ、結果的には単独路線は成功したかにみえる。

　合併しなかった産山が産山であり続け、産山に住む人々が産山に誇りを持って生き続けるためには、村づくり・生業(なりわい)づくりが更に求められる。そこには、これまで村づくり・生業づくりに関わってきた人々の力に加えて、若い人の力、女性の力、そのほか内外の多様な人々の自発的な力が必要である。

　私たち「合併しなかった自治体の将来を考えるシンポジウム」実行委員会は、2日間に亘るシンポジウムにおける様々な報告、討議及び多様な意見交換を踏まえ、これからの産山村の「村づくり」を以下の方向で進めていくことを提言し、ここに宣言する。

第 3 部 「合併しなかった自治体の将来を考えるシンポジウム」の記録（資料編）

1　村民と役場職員の力量を強化するさまざまな方策（基本条例のような「しばり」となる仕組みの創設）
2　リーダーを待望するのではなく、村民一人ひとりができる限りのリーダー役を自ら務める志
3　外から「風」の導入（例：大きな知見を持ち「村づくり」の大きな権限を任すことも想定した人材の全国公募）
4　村内外の人材ネットワークの強化（垣根を作らない人間関係）
5　現存する種々の村内資産の異業種的・異文化的な連携強化
6　たとえ規模は小さくとも自前の財源を確保し、自分たちで意思決定を行う村として、周縁化されることなく独自性を保ち、村民の知恵を結集して果敢に課題に挑むこと

　産山に住まう老若男女の多様な人々、産山を愛するすべての人が、この宣言を活かし、様々な実践に触れ、自ら実践していくことで、「次の 13 年後に向けたむらづくり」が始まることを期待したい。

2016 年 11 月 14 日

「合併しなかった自治体の将来を考えるシンポジウム」実行委員会

おわりに

あの日の空よ

　産山村のシンポジウムに参加するきっかけとなったのは、同志社大学で院生時代からお世話になっていた今川晃先生からの一本のメールであった。日付を検索してみると、シンポジウムの約3か月前にあたる2016年8月17日とある。少し長いが引用してみる。

　杉岡様
　現在、北海道大学名誉教授・九州大学名誉教授の木佐茂男先生が中心となって、私が　補佐役となり、添付ファイルのように11月に産山村(熊本県)で「小規模自治体の将来」について気楽に意見交換するイベントを企画中です。関心のある研究者に広く呼びかける予定です。杉岡さんも関心があれば、ぜひ参加してください。ご家族でも大丈夫かと思います。私は妻といく予定です。ここで、「指針」のような「産山宣言」をする予定です。そこで、このイベントの内容と産山宣言をブックレット(木佐・今川編)にして発信できればと希望しているところです。研究者も多く集まると期待してますので、ブックレットには多くの研究者が参加するものになると考えられます。　今川

　それから約1か月後の9月24日に今川先生は急逝され、天国へと旅立たれた。その意味で11月13～14日の産山村のシンポジウムというのは、テーマとしては「合併しなかった自治体の将来を考えるシンポジウム」であったことは間違いないが、もう一つのテーマとしては「企画者のお一人である今川先生の熊

本や地方自治への想いを立ち消えにしたくない」という追悼の意味も持っていた。当日、今川先生の奥様が産山村までお越しになったのは、その意味で象徴的でもあった。

今回の出版についても同様である。その時のメール（上述）にあった今川先生の想いに基づき、産山村に集った研究者、実務家の皆でぜひ実現すべき、との思いにより、何とかここまでたどり着くことができた。ただし、肝心の内容については当初は木佐先生と今川先生の編著となる予定であったので、今川先生の目（手）が入らなくなった分、この内容で本当に良かったかどうか、心もとない部分が大きい。代役を果たしきれなかっただろう自身の力不足をお詫びするとともに、本書の評価については読者の皆さんに委ねることとしたい。

ところで、このおわりにのサブタイトルには「あの日の空よ」と入れさせてもらった。これは南こうせつ氏の楽曲のタイトルであるが、1981年にこの楽曲が初めて歌われたのがたまたま産山村というご縁があり、当日のイベントの際に何度か流された（今川先生もこの歌がお気に入りだったという）。この本の含意からすれば、「あの日」というのは色々な解釈が出来そうである。たとえば、産山村で言うならば、平成の大合併で揺れていた2003年の夏の住民による署名運動の日かもしれないし、その結果を受けて、8月に任意協議会から村が脱退した日かもしれない。あるいは、本書のきっかけとなったフォーラムが村で開かれた2003年11月23日かもしれないし、今回の出版の舞台となった2016年11月13〜14日のシンポジウム当日という解釈も成り立つだろう。いずれにせよ、どのまちにも必ず未来を左右する一日というのがあるはずである。著作権の関係もあり、この歌詞の引用は控えるが、ぜひこの歌を聞きながら、読者の皆さんそれぞれの「あの日」へ思いをはせて頂ければ幸いである。

最後になったが、本書の出版にあたっては、多くの皆さんのご協力があったことを記しておきたい。とりわけ、シンポジウム当日の企画から本書の監修までリード頂いた木佐茂男先生、今回のシンポジウムのために現地入りされ、特集記事ま

おわりに　あの日の空よ　(杉岡秀紀)

で組んでくださった公職研の友岡一郎編集長、本書をブックレットではなく一般書として世に問うことを提案くださり、出版の労を引き受けて下さった公人の友社の武内英晴社長には感謝してもしきれない。また、シンポジウム当日参加頂いた産山村の住民の皆さんや村職員の皆さん、本書を第三者目線で通読いただき助言をしてくれた熊本出身で今川先生とも親交があった龍谷大学の久保友美さん、何よりシンポジウム報告からファシリテーター、また今回の出版に快く参加くださった本書の執筆者の皆さんにも心から感謝を申し上げたい。

　そして、本書誕生のきっかけを作ってくださった故今川晃先生とご家族の皆さんに本書を捧げます。

　　　編者を代表して

　　　　　　　　　　　　　　　　　　　　　　　　　杉岡　秀紀

執筆者略歴

■木佐茂男（きさ・しげお）
北海道大学・九州大学名誉教授、福岡県行政不服審査会会長、弁護士
10歳の頃から、世の中に不正義が、田舎では長老・因習支配がまかり通っていると感じて、ひたすら正義の実現とモノがいえる社会づくりに向かう。司法改革と良い意味での地方自治確立の研究と実践で生涯を終える予定。著書『国際比較の中の地方自治』（日本評論社、2015年）、『司法改革と行政裁判』（日本評論社、2016年）。

■原田晃樹（はらだ・こうき）
立教大学コミュニティ福祉学部コミュニティ政策学科教授
県－市町村関係、広域連合や狭域自治制度、街頭官僚制、官民パートナーシップ等が主な関心領域。今川晃先生の後を追い2013年英国バーミンガム大学客員研究員。学内では立教サービスラーニングセンターの立ち上げに関わる。著書『NPO再構築への道－パートナーシップを支える仕組み－』（原田晃樹・藤井敦史・松井真理子、勁草書房、2010年）『闘う社会的起業－コミュニティ・エンパワーメントの担い手－』（藤井敦史・原田晃樹・大高研道編著、勁草書房、2013年）。

■杉岡秀紀（すぎおか・ひでのり）
福知山公立大学地域経営学部准教授、京都府立大学京都地域未来創造センター特任准教授、総務省主権者教育アドバイザー
学生時代にまちづくりNPOを設立。その後、内閣官房、地域公共人材開発機構、京都府立大学を経て、現職。「大学と地域をつなぎ、いかにまちづくり、ひとづくり（地域公共人材育成）に繋げるか」というのが研究テーマ。「地域公共人材育成における大学の挑戦」（18～39頁）、『地域公共人材をつくる』（今川晃・梅原豊編、法律文化社、2015年）。著書『地域力再生とプロボノ』京都府立大学京都政策研究センターブックレットvol.3（公人の友社、2015年）。

■**原島良成**（はらしま・よしなり）
熊本大学大学院法曹養成研究科准教授
南阿蘇村在住（産山村までは車で40分～阿蘇山を挟み雰囲気はかなり異なる）。2016年熊本地震では数分おきに大小の揺れに襲われ、床にへばりつき恐怖の数時間を過ごす。「ふるさと食農ほんわかネット」会員。論文「地方政府の自律（上）（中）（下）法学的地方自治論の復権に向けて」『自治研究』81巻8号101頁（2005年）、82巻1号114頁（2006年）、82巻3号116頁（2006年）。「自治立法と国法」『総論・立法法務』川﨑政司（編集代表）187頁（ぎょうせい、2013年）。

■**小泉和重**（こいずみ・かずしげ）
熊本県立大学総合管理学部教授
1995年から熊本県立大学の教員、現在に至る。著書『アメリカ連邦制財政システム―「財政調整制度なき国家」の財政運営―』（ミネルヴァ書房、2004年）。『現代カリフォルニア州財政と直接民主主義―「納税者の反乱」は何をもたらしたのか』（ミネルヴァ書房、2017年）。

■**増田知也**（ますだ・ともなり）
摂南大学法学部講師
1983年奈良県生まれ。大学生の時に地元で起こった合併問題をきっかけに、地方自治に興味を持つ。2011年、同志社大学大学院総合政策科学研究科博士課程（後期課程）修了。博士（政策科学）。現在は問題提起型広報を研究。著書『平成の大合併と財政効率―市町村の適正規模は存在するか？』（金壽堂出版、2017年）。論文「問題提起型広報が自治意識に与える効果」『同志社政策科学研究』第19巻第1号、97～110頁（2017年）。

執筆者略歴

■**高木正三**（たかき・まさみ）
元農林水産省職員、食・農・環境・ＧＴに関する情報誌「ドリーム」編集長、（社福）全国重症心身障害児（者）を守る会理事
九州農政局勤務時代から「農家と本音のやりとりをしたい」一心から、農家や農家民宿を対象に無償で情報誌を毎月発行。2017年7月現在200号に至る。日常生活の豊かさを模索する活動に携わっている。

■**渡辺裕文**（わたなべ・ひろふみ）
産山村議会議員（経済建設常任委員長）
2000年から中山間地域の集落協定代表をつとめ、現在に至っている。有機農業推進ネットワーク、環境保全型農業技術研究会の幹事として、また自然公園指導員として環境保護活動にかかわっている。

■**堀田和之**（ほった・かずゆき）
岐阜県土岐市職員、同志社大学大学院総合政策科学研究科博士後期課程
ごく普通の公務員として働く中で、今川晃教授の「公務員は創造できる仕事」という言葉に感銘を受け、2014年同志社大学大学院総合政策科学研究科博士前期課程入学。現在、同大学院博士後期課程に在学中。

■**矢野由美子**（やの・ゆみこ）
特定非営利活動法人ふうどばんく東北 AGAIN 理事、東北自治体学会事務局
2011年3月東日本大震災時は宮城県町村会から派遣され宮城県市町村課に在籍、2012年度末退職。在職中に仲間と立ち上げたフードバンク活動団体では2017年から障がい者の就労移行支援事業を開始、地域で助け合う形を模索中。編著『七ヶ浜町（宮城県）で考える「震災復興計画」と住民自治』（公人の友社、2012年）。寄稿『被災地の自治体学会会員として何かを』（自治体学 vol.25-1、2012年）。

合併しなかった自治体の実際
非合併小規模自治体の現在と未来

2017 年 11 月 10 日　初版発行

監修	木佐茂男
編著	原田晃樹・杉岡秀紀
発行人	武内英晴
発行所	公人の友社
	〒 112-0002　東京都文京区小石川 5-26-8
	TEL 03-3811-5701　FAX 03-3811-5795
	e-mail: info@koujinnotomo.com
	http://koujinnotomo.com/
印刷所	倉敷印刷株式会社